KB039183

4·16구술증언록 단원고 2학년 8반 제1권

그날을 말하다

주현 엄마 김정해

4·16구술증언록 단원고 2학년 8반 제1권

그날을 말하다

주현 엄마 김정해

4·16기억저장소 기획 편집
(사) 4·16세월호참사가족협의회 지원 협조

일러두기

1. 음절로 식별 가능한 소리를 들리는 대로 전시하는 것을 원칙으로 한다.

2. 의미를 파악하기 위해 추가 설명이 필요할 경우 [ ]로 표시한다.

3. 몸짓, 어조 등 비언어적 행위는 ( )로 표시한다.

4. 구술자가 말을 잇지 못해 말줄임표를 사용하는 경우 ……, …로 길고 짧음을 표시한다.

5. 비공개 영역은 〈비공개〉로 표시한다.

6. 비공개해야 하는 희생자 형제자매의 이름은 ○○, △△ 등의 도형기호로, 생존자의 이름은 A, B, C 등 알파

   벳 대문자로 표시한다.

7. 비공개해야 하는 제3자는 직분이나 소속, 성만 공개하고, 이름은 ××로 표시한다. 비공개해야 하는 숫자는

   자릿수에 상관없이 □로 표시하며, 지명은 □□로 표시한다.

　4·16기억저장소에서는 세월호 참사 5주기를 맞아 구술증언 수집 사업의 결과물 일부를 100권의 책으로 발간하게 되었습니다. 이 사업은 2015년 6월부터 다양한 학문 분야 구술 연구자들의 자발적인 참여로 진행되어 왔으며, 세월호 참사를 좀 더 정확하고 다각적으로 기록하고 기억하고자 하는 노력의 일환으로 수행되었습니다.

　2014년 참사 발생 이후, 참사 피해자들의 목격담과 경험은 안타깝게도 공식적인 국가기관과 언론의 기록 속에서 철저히 소외되거나 왜곡되었습니다. 그것은 세월호 참사가 우리에게 안긴 죽음과 고통의 충격만큼이나 우리 사회의 끔찍한 비극이었습니다. 따라서 사업을 진행하면서 세월호 참사 희생자 가족, 생존자, 생존자 가족, 어민, 잠수사, 활동가, 기자 등등, 참사의 초기 과정을 직접 경험한 분들의 증언을 우선적으로 수집했습니다. 구술자는 이 사업의 취

지와 방식에 개인적으로 동의한 분 중에서 선정했으며, 참여 과정에 어떠한 금전적 보상이나 이익이 제공되지 않았습니다. 또한 구술증언 수집 사업을 진행하는 동안, 면담자는 연구자이자 참사를 겪은 공동체 시민으로서 최대한 윤리적이고자 노력했습니다.

구술자마다 매회 약 2시간씩 3회를 원칙으로 음성 녹취와 영상 촬영을 하는 방식으로 진행되었고, 증언의 일관성을 확보하기 위해 면담자는 큰 틀에서 공통 질문지를 사용했습니다. 공통 질문지의 내용은 참사와 구술자 간의 관계성에 따라 차이가 있지만, 유가족 구술의 경우 1회차 '참사 이전의 삶, 팽목항과 진도에서의 경험, 자녀에 대한 기억'을, 2회차 '참사 이후 투쟁과 공동체 활동 경험'을, 3회차 '참사 이후 개인 및 가족이 경험한 삶의 변화와 깨달음, 자녀의 현재적 의미'를 중심으로 했습니다. 이처럼 증언 내용은 참사 이전에서 시작해 참사 발생 당시의 경험과 이후의 변화 과정까지 폭넓게 수집했고, 면담자는 구술 채록 과정에서 구술자의 발화를 최대한 존중하고자 했으며, 무엇보다 각자의 특수한 경험과 다른 시각을 충실히 반영하고자 했습니다.

이 구술증언록의 발간을 위해, 채록된 음성 자료는 문서로 변환해 구술자와 함께 검토했고, 현재 시점에서 공개할 수 있는 영역과 할 수 없는 영역으로 구별했습니다. 따라서 책에 실린 내용은 모두 구술자로부터 공개를 허락받은 부분입니다. 비공개 영역은 추후 구술자의 동의를 받아 적절한 절차를 거쳐 추가로 공개될 수 있으리라 생각합니다.

이 구술증언록 100권에는 그동안 우리 사회에 왜곡되어 알려지거나 잘 알려지지 않았던, 참사 발생 직후 팽목항과 진도 혹은 바다에서의 초기 상황에 관한 중요한 증언이 포함되어 있습니다. 또한, 자녀를 잃는 잔인하고 애통한 상황을 겪으면서도 그 누구보다 강인한 정치적 주체로 성장할 수밖에 없었던 유가족의 마음과 경험을 구체적으로, 그리고 여러 각도에서 살펴볼 수 있습니다. 그 외에도, 이 구술증언록은 2014년을 전후한 한국 사회의 여러 측면을 드러내는 귀중한 자료가 되리라고 생각합니다. 무엇보다 국내외의 많은 분이 이 책을 읽어, 장차 세월호 참사의 진상 규명과 역사 서술에 기여할 수 있기를 바랍니다.

구술증언 수집 사업이 진행되고, 책으로 출간되기까지 많은 분의 도움과 지지가 있었습니다. 이 지면을 빌려 부족하나마 감사의 말씀을 전하고자 합니다.

먼저 (사)4·16세월호참사가족협의회와 4·16기억저장소에 감사를 드립니다. 이분들의 신뢰와 적극적인 협조가 없었다면, 이 사업은 처음부터 시작할 수조차 없었을 것입니다. 또한 어려운 정치 환경 속에서도 사업의 취지에 공감해 재정 지원을 결정해 준 아름다운가게와 역사문제연구소에 감사드립니다. 두 단체 덕분에, 이 사업을 4년 동안 계속해 올 수 있었습니다. 그리고 구술증언록 100권의 발간에 동의하고, 바쁜 일정에도 출판 실무를 기꺼이 맡아주신 한울엠플러스(주)에도 감사를 드립니다. 이 외에도 많은 개인과 단체가 직간접적으로 많은 도움을 주시고 격려해 주셨습니다. 여기에 모두 밝히지 못하는 것을 죄송하게 생각합니다.

　말할 필요도 없이, 가장 크고 또 가슴 아픈 감사는 구술자 한 분한 분께 드리고자 합니다. 이 책이 발간될 수 있었던 것은, 무엇보다 용기를 내어 아픔과 고통의 기억을 다시 떠올리고 장시간 진심으로 이야기를 해주신 구술자가 있었기 때문입니다. 오랜 시간 이야기를 나누며 함께 공감하기도 했지만, 그 아픔과 고통을 어떻게 가늠할 수 있을까 싶습니다. 더 큰 도움이 되지 못함을 안타까워하며, 이 구술증언록 100권의 발간이 피해자분들에게 조금이라도 위로가 될 수 있기를 기원합니다.

2019년 4월

4·16기억저장소 구술팀 책임자
서울대학교 인류학과 교수 이현정

차례

■ 1회차 ■

주현 엄마 김정해

구술자 김정해는 단원고 2학년 8반 고 안주현의 엄마다. 성실하고 건전했던 주현이는 엄마에게 힘이 되는 멋지고 듬직한 맏아들이었다. 엄마는 아무 이유 없이 주현이를 빼앗아간이 나라를 용서할 수 없어 온 힘을 다해 진상 규명 투쟁에 함께해 왔다. 엄마는 앞으로 주현이가 너무나 사랑했던 동생을 돌보는 일, 그리고 희생된 아이들의 명예를 회복하는 일에남은 생을 바치고 싶다.

김정해의 구술 면담은 2015년 7월 18일, 26일, 8월 22일, 3회에 걸쳐 총 3시간 10분 동안진행되었다. 면담자는 손동유, 촬영자는 권용찬·강재성이었다.

구술자 본인의 프라이버시나 제3자의 프라이버시를 보호해야 할 부분을 제외하고는 구술자의 발화를 있는 그대로 전사했다.

1회차

2015년 7월 18일

시작 인사말

면담자   본 구술증언은 4·16 사건에 대한 참여자들의 경험과 기억을 기록으로 남김으로써 이후 진상 규명 및 역사 기술에 기여하고자 합니다. 지금부터 김정해 씨의 증언을 시작하겠습니다. 오늘은 2015년 7월 18일이며, 장소는 안산시 단원구 글로벌다문화센터입니다. 면담자는 손동유이며, 촬영자는 권용찬입니다.

구술 참여 동기 및 근황

면담자   어머님, 안녕하세요.

주현 엄마   안녕하세요.

면담자   질문 시작하겠습니다.

주현 엄마   네.

면담자   인터뷰에 응하기로 결정하신 이유를 여쭤봐도 될까요?

주현 엄마   예. 지금 저희 아이들이 여느 아이들과 같이 즐겁고 멋진 수학여행을 가려고 했다가 이런 참사를 당하게 된 거잖아요, 그래서 저희 부모들은 정말 우리 아이들이 왜 죽었는지 그 이유조차도 모르고 지금까지 버텨오고 있거든요. 그래서 저희 부모들이 할 수 있는 일이라면 무엇이든, 인터뷰가 아닌 이보다 더한 거라도 해서 우리 아이들을 위해 진상 규명을 하고자 하는 마음이 앞섰기 때문에, 그걸 위해서라면 '제 몸이 부서진들 뭔들 못 하겠냐'는 심정으로 지금 제가 할 수 있는 일은 뭐든지 다 하려고 하고 있습니다.

면담자   지난 참사 이후로 그렇게 해오셨잖아요.

주현 엄마   그렇지요. 그래서 인터뷰도 인터뷰지만 다른 일들도 지금, 이것 말고도 방송이나 이런 데에서도 많이 계획을 하시고 계셔서 그쪽에서도 지금 하고 있고요. 그래서 여러 가지 채널을 이용해서 지금 아이들의 진상 규명을 위한 활동을 하고 있습니다.

면담자   상처를 건드릴까 조심스럽지만 여쭤보겠습니다. (주현 엄마 : 예) 불편하거나 힘드신 부분이 있으면 쉬었다 하셔도 되니까 편하게 대답해 주세요.

주현 엄마   예, 말씀드릴게요, 만약에 그러면.

면담자   주현이의 동생이 지금 많이 신경을 써야 될 때라고 하셨는데 ○○이 얘기를 먼저 해주세요.

주현 엄마   예, 그럴게요. ○○이가 형에 대해서 많이, 그러니까 저희, 엄마 아빠 이외로 형이잖아요, ○○이한테는. 여자 남자가 아닌, 저희가[저희 애들이] 남매가 아닌 형제였잖아요. 그렇기 때문에 더 형을 의지를 많이 했던 것 같아요. 알게 모르게 형이 ○○이의 울타리가 돼줬지요. 그래서 ○○이가 밖에 나가서 싸우고 이럴 때, 형이 4살 차이 정도가 나요, 저희가 좀 터울이 있는 편이거든요. 그래서 밖에 나가서 ○○이가 안 좋은 다툼을 한다거나 이럴 때 형이 중간에 나서서 해결을 많이 했어요. 제가 그걸 봤고요. 그리고 형 친구들이 아까 얘기했듯이 초등학교, 중학교 이런 식으로 다 똑같은 아파트 단지 내의 학교를 다니기 때문에 아이들이 다 형 친구고 자기 또래 친구예요. 그렇기 때문에 형 친구들이 많이 밖에 나가서 눈에 띄는 거지요. 그러면 "너 주현이 동생이구나" 그런 말들에 되게 의기양양해하더라고요. 그래서 그런 형이 있다는 것에 대해서 의지를 많이 하고 살았던 것 같아요.

그러면서 자기가 하는 공부나 이런 부분에 대해서도 형이 못하는 거 있으면, 자기가 더 잘하면 한편으로는 으스대기도 하고 이러면서 서로 보이지 않는 경쟁심도 갖게 되고, 그런 경우도 있더라고요. 그렇게 해서 아이들이 잘 지내다가 4월 16일 날 저희가, 4·16이 터지고 나서 ○○이가 안 좋은 반응이 많이 나오더라고요. 이런 얘기를 드려도 될지 모르겠는데 장례식장에서의 그런 반응이 제가 너무 의외였거든요.

면담자   어땠나요?

주현 엄마   ○○이가 마침 수련회 갈 때였어요. ○○이가 여행 가고 그다음 날, ○○이가 중학교 1학년 때, 그때는 여기 학교가 아니라 다른 학교였는데 그 학교에서 마침 수련회를 가게 됐어요. 마침 날짜도 비슷하게 나왔고. 그래서 ○○이를 그냥 다른 데 맡겼어요. 저희는 그날 바로 진도 내려가고 ○○이를 외갓집, 저희 친정집에 맡겼지요. 그래 가지고 ○○이가 계속 "엄마, 형아 어때? 어때?"

하면서 전화가 왔는데 생사가 분명치 않았어요. 그래서 "형아 괜찮을 거야. 형아 꼭 살았을 거야" 하면서 희망을 줬었지요. 근데 딱 장례식장에 와서 형의 사진을 보더니 애가 [벽에] 머리를 박더라고요. 정말 그런 행동을 전혀 했던 아이가 아니었는데 영정 사진을 보더니 그런 행동을 보이더라고요. 장례식장 한 켠에 마련된 화장실 벽에 자기가 수돗물 틀어놓고 그렇게 머리를 박더라고요. 그래서 정말 이런 행동이 나오리라고 생각도 못 했어요.

그렇게 '고통을 잘 참는다'고 생각을 하고, 1년 동안 부모들이 국회나 청운동이나 광화문 이쪽에서 활동을 하다 보니까 형제자매 애들을 많이 돌보지 못한 건 사실이거든요. 그러면서 1년을 지내고, 1주년이 지나고 나니까 ○○이가 엄마한테 많이 신호를 보내더라고요, '저 좀 돌봐주세요. 저 좀 봐주세요' 하고. 〈비공개〉

면담자　중학교 2학년이면 아이이기도 하니까.

주현 엄마　예, 아직은 정말 미성숙 상태인데 그런 일들, 정말 어른들이나 할 수 있는 일이었는데, 정말 너무 자기로서도 정신적 충격이 컸던 거지요.

면담자　어머님이 밖에서도 하실 일이 많은데 동생을 돌보셔야 되겠네요.

주현 엄마　예. 그래서 지금은 1년 동안 정말 숨도 못 쉬면서 걸어왔던 거를 지금은 숨 고르기를 한다고 할까요, 그러면서 일을 하고 있습니다, 지금은.

주현 엄마 김정해

면담자　　　간담회, 집회나 시위는 많이 참여하셨는데 지금은 활동을 줄이시고 있군요.

주현 엄마　　예, 지금은 간담회도 많이 쉬고 있습니다.

면담자　　　○○이랑 많은 시간을 보내시고. (주현 엄마 : 예) 아버님은 요즘 어떻게 지내시나요?

주현 엄마　　아버님은[남편은] 지금 회사 다니시고 계신데 회사에서도 약간…. 그 전에 우리 아이들 낳았을 때가 IMF에 낳은 거 알지요? (면담자 : 예) 예, 그래서 주현이 낳았을 때, 그런 일이 있을 때도 그렇게 힘들었던 시기였는데도 회사 다니기 싫다는 말을 안 했거든요. 그런데 이번에 처음으로 사건이 나고 나서, 사람들이 회사에 출근하니까 그런 말을 한대요. "돈 탔는데 왜 회사에 출근하냐?" 이런 말을 들으니까 정말 회사 다니기 싫다는 얘기를 하더라고요 처음으로, 여태까지 그런 얘기 한 번도 한 적 없었고 [그런데]. 주현이 아빠는 좀 가정적이세요, 다른 사람보다도 많이. 주현이랑도 그렇고 ○○이랑도 그렇고 같이 낚시도 많이 가고, 일요일 날 다른 사람들 피곤하다고 안 했던 행동을 주현 아빠는 그래도 아이들하고 시간을 많이 보내려고 노력을 하는 사람 중에 하나였거든요. 근데 그런 사람 입에서 그런 얘기를 들으니까 정말 저도 많이 힘들더라고요.

그래서 사회적으로 이게 어떤, 국회의원들은 자기가 우리 일에 대해서 무마하기 위해서 돈에 대한 얘기를 아무런 생각도 없이 꺼낸 거지만, 그게 저희한테는 2차, 3차적 피해가 오고 있다는 거를 알아주셨으면 좋겠더라고요.

면담자   아버님 성함이 어떻게 되시지요?

주현 엄마   안 자, 재 자, 수 자요, 안재수.

면담자   어머님도 힘드실 것 같아요.

주현 엄마   네, 저도 정말 너무 힘들어요. 말을 안 해서 그렇지 몸이 지금도 많이 안 좋은 상태고 지금도 되게 지쳐요, 요즘은. 그래서 한 하루 정도 쉬면, 이틀 일하면 정말 소진 다 되는 것처럼 그렇게 몸이 신호를 보내더라고요.

면담자   스스로 잘 챙기셔야 돼요.

주현 엄마   네, 그러겠습니다.

3

안산 정착의 배경 및 남편 이야기

면담자   안산에는 언제부터 사시게 되셨나요?

주현 엄마   저는 원래 경기도 부천에서 나고 자랐거든요. 저희 아버님이 한전에 다니셨기 때문에 저희가 부천에 아빠가 사택, [회사에서] 아버지 사택을 마련해 주셔가지고. (면담자 : 친정아버님께?) 예. 친정아버지 사택을 마련해 주셔서 거기서, 그 전에[는] 광명시 살다가 제가 초등학교 5학년 때 이사를 해가지고, 경기도 광명에서 살다가 초등학교 5학년 때 이사를 해서 부천에서 계속 자라고…. 그래서 학교도 그 주변의 학교를 다니고, 대학도 인하대 가고 이런 식으로 주변에서 많이 [자랐지요]. 부천여중, 부천여고 거쳐서 그렇게 학교도 다 다녔다가 애기 아빠 만나고 처음 안산이란 곳을 오게 됐어요. 그 전에는 안산이란 곳이 있는지도 몰랐거든요. 그래서 처음 온 곳이 중앙역을 통해서 온 것 같은, 지금 느낌이 그래요. 아련하게 지금 생각나는 게 중앙역이란 곳에 처음 발을 디뎠고….

면담자 　　처음 안산에 와보신 게 중앙역에 전철로 오신 건가요?

주현 엄마 　　예, 전철로 그렇지요.

면담자 　　아버님은 어떻게 만나게 되셨어요?

주현 엄마 　　저희는 소개받았었어요. 소개로 받고 연애하고 결혼을 했지요.

면담자 　　아버님은 안산이고 어머님은 부천이셨군요?

주현 엄마 　　예, 오가면서 그렇게 해서.

면담자 　　그러면 결혼은 언제쯤 하셨나요?

주현 엄마 　　[19]96년.

면담자 　　그 뒤로는 안산에 쭉 터 잡고 사셨나요?

주현 엄마 　　예, 애기 아빠가 안산에 집을 마련해 놨고요. 지금 살고 있는 아파트의 조그만 평수에 마련을 했어요. 그러다가 저희가 이상하게, 사는 거주지가 한양아파트만 살게 돼서, 그때 주현이 태어났을 때는 조그만 18평짜리 아파트 살다가 본오동으로 이사, 본오동에 한양아파트 단지가 있거든요, 그리로 이사를 갔었어요, 25평짜리로. 그러다가 다시 여기 [한양아파트] 32평[에] 이사 와서 살고 있고요. 어떻게 우연적으로 그렇게 되더라고요.

면담자   아버님은 어떤 계통에서 일을 하시나요?

주현 엄마   의류 쪽이에요.

면담자   결혼하신 뒤로 어머님은 전업주부셨나요?

주현 엄마   전업주부 많이 했었고요. 제가 영문과 졸업을 해가지고 아이들도 가르치고요, 간혹.

면담자   애들 모아서요?

주현 엄마   예, 집에서.

면담자   단체라든지 반상회라든지 지역에서 활동하신 건 없으신가요?

주현 엄마   예, 그런 건 없고요. 제가 처녀 때 은행을 다녔었어요. 그래 가지고 은행에서 일했던 선배들하고 같이 동아리식으로 해가지고 같이했었고.

면담자   아까 아버님이 가정적이셨다고 했는데 보통 주말은 어떻게 보내셨나요?

주현 엄마   축구. 주현이 아빠가 축구를, 운동을 되게 잘하세요. 그래서 아파트 단지 축구 아시지요? (면담자 : 예) 예, 축구 그런 것도 하고, 조기 축구회도 가입해서 아이들과 같이 축구도 같이하고. 그 다음에 주로 축구나 낚시를 많이 했던 거 같아요, 딱 생각을 해보면.

그리고 낚시를 하기 때문에 놀러 가야 되잖아요. 야외를 나가야 되니까 야외 다니는 거 많이 좋아하셨고.

면담자 　　　어머님도 같이 가세요?

주현 엄마 　　예, 저도 가요. 저는 옆에서 기다리면서 책을 읽거나 하지요, 그냥. 예.

면담자 　　　단란한 가정이네요.

주현 엄마 　　예, 그렇지요. 밖에 나가서 평범하게 삼겹살 구워 먹고 그러면서 아이들하고 그렇게 보내고…. 일요일 날[이 되면] 애기 아빠가 되게 힘들어했어요, 금요일까지 일하고 너무 힘들었을 테고…. (면담자 : 몸이 지치지요) 예. 그런데도 애들하고 나가는 걸 좋아했다는 게 참 고맙더라고요, 다른 것보다도 주현이 있을 때 좀 더 많이. 지금 와서 후회되는 게, 저희는 그래도 다른 사람들보다도 많이 여행도 하고 그런 편인데도 후회가 돼요, '좀 더 많이 했을걸' 하는 후회감이. 지금 보면, 주현이가 옷을 하나 사달라고 했었어요. 인터넷에서 샀는데 거기 같은 경우에 비싼 브랜드였었어요. 근데 그거를 주문을 해놓고…, 주현이 그 옷을 입지도 못하고 가서 참 마음이 아파요.

면담자 　　　수학여행 가기 전에 주문을 했었는데….

주현 엄마 　　예.

4
주현이의 성장과정 1

면담자 주현이 얘기 좀 여쭤볼게요. (주현 엄마 : 예) 97년생인가요?

주현 엄마 3월 28일, 예.

면담자 지금 고3 나이지요?

주현 엄마 예, 고3이에요.

면담자 동생도 ○○이인 거 보면 돌림자를 쓰시나 봐요, 댁에서. (주현 엄마 : 예, 맞아요) 이름은 누가 지으셨어요?

주현 엄마 작명소 가서 지었어요, 아빠가.

면담자 아버님이 좋은 이름 받아오셨군요. (주현 엄마 : 예) 낳았을 때 기억나시지요?

주현 엄마 예, 기억나지요.

면담자 어떠셨어요?

주현 엄마 그때 첫아들이어서 너무 좋아했었어요 정말, 아빠도.

면담자 어르신들이 아들을 기대하는 댁이었나요?

주현 엄마 그건 아니지만, 저희가 그때 당시 친정아버지 계시고 그다음에 저희 엄마가 조금 일찍 돌아가셨어요. 저희 엄마가 암이 계셔 가지고 그래서 저희 친정어머니는 안 계시고 아빠, 친정아버지

주현 엄마 김정혜

계셨고, 그다음에 여기 시댁에서도 시어머니만 계셨어요. 사실 그때 당시에, 주현이 아빠가 3형제거든요. 3형제 중에 둘째예요. (면담자 : 여자 형제는 안 계시고요?) 예, 없고요. 근데 그때는 딱 시집오니까 첫째 형님네서는 아들이 없더라고요. 주현이가 그런 중에 태어났지요.

면담자　　　　더 반가운 느낌이었겠네요. (주현 엄마 : 예, 그렇지요) 꼭 아들을 원해서라기보다는 태어나서?

주현 엄마　　　예, [아들을 원해서라기]보다는 그렇지요. 그래서 그때 "아들 태어났다"고 그러니까 주현이 아빠가 (왼팔을 흔들며) 이런 거 하면서 너무 좋아했던 기억이 나요.

면담자　　　　아이들이 어렸을 때는 특별한 재주 한 가지씩은 있잖아요? 주현이는 어렸을 때 어떤 일화들이 있었을까요?

주현 엄마　　　저희, 그러니까 이거는 방송에서도 많이 얘기했는데 ○○이가 4살 차이 나가지고 병원에서 ○○이 낳았을 때, (면담자 : 둘째 낳으셨을 때) 예. 주현이가 그때 5살인가 그 정도 됐잖아요. 자기가 아빠랑 밖에 나가서 자동차 조립 이런 걸 사 왔어요. 조립식 그 걸 사 왔는데 이상하게도 아빠도 안 도와주고 하는데 자기 혼자 그 걸 뚝딱 만들더라고요. (면담자 : 5살짜리가요?) 예, 그래서 '얘가 참 자동차[에 소질이 있구나' 싶었지요]. 원래 남자애들은 그 나이 때 다 좋아하잖아요, 자동차에 대해서.

면담자　　　　그래도 이렇게 갖고 노는 거나 하지 만드는 거는 안 하지 않나요?

주현 엄마   예. 만드는 건 별로 안 하는데, 하여튼 그 전서부터 아빠가 이렇게 만드는 거 이런 부분에 대해서 같이하는 걸 좋아했어요. 근데 그렇게 자동차 조립 안 보고 자기가 혼자 뭔가를 한다거나 이런 적은 처음이었어요, 그때가 제가 그 옆에서 지켜본 게. 그동안은 제가 몸이 피곤해서 그런지 몰라도 잘 지켜보지만도 못했는데, 그날은 아이 낳고 나서 그 옆에서 바로 볼 수 있는 기회가 있어서 그런지 정말 신기하게도 그렇게 뚝딱 만들어내는 거 보면서 '자동차에 대해서 애가 정말 소질이 있구나'란 생각을 그때 처음 했던 거 같아요. 점점 자라면서 자동차에 대한 꿈을 엄청 키우고요. 그리고 밖에 나가서 자동차 바퀴 있지요? 저희는 뭐 바퀴 보고 '무슨 차다' 이렇게 맞히기 힘들거든요, 솔직히 얘기해서. 근데 주현이는 친구들도 인정했어요. "쟤는 바퀴만 보고도 이상하게 맞힌다"고, "자동차 모형이 뭔지도". 그런 걸 친구들이, 주위의 친구들도 인정을 하면서 얘기를 하더라고요.

면담자   계속 관심이 있었나 보네요.

주현 엄마   예, 계속 자동차에 대한 꿈을 키워왔고, 고등학교 1학년 때도 한양대학교 미래자동차과학과 거기 가려고, 여기 에리카 [캠퍼스] 있거든요, 바로 옆에 에리카도 있고, 자기가 가가지고 직접 한양대학교에 대한 시사 편집 기자를 해보려고 하고. 많은 활동을 했어요. 자기가 하려고 했던 꿈을 나름 키웠어요.

면담자   자동차 연구원이 꿈이었군요? (주현 엄마 : 예) 동생 낳았을 때 시샘은 안 하던가요?

주현 엄마   하지요, 왜 안 했겠어요. (면담자 : 해요?) 예, 했지요, 자기 사랑을 뺏기는 거니까. 뺏기니까 자기가 아무래도 뭐 하는 거에 대해서 화를 많이 내거나 그런 행동들이 나오더라고요, 같은 책을 보더라도 똑같은 책을 가지고 막 싸우고. 책이 여러 권 있는데 꼭 유일하게 그 책 하나 갖고 싸우는 그런 경우 있잖아요. 형아가 그 책을 보려고 하면 동생은 거기다 낙서를 해버리고, 약간(웃음).

면담자   아들만 둘 키우시기 힘드셨지요?

주현 엄마   예, 제가, 엄마가요 완전히 소리가 안 커질 수가 없더라고요. 아들을 키우다 보니까, 아들 둘을 키우다 보니까.

면담자   4살 터울 정도지요? (주현 엄마 : 4살 터울, 예) 어렸을 땐 동생이랑 싸웠겠지만 좀 크고 나서는 달라지지 않았나요?

주현 엄마   그렇지요. 중학교 때, 그때서부터는 별로 이렇게 안 하더라고요. ○○이가 초등학교, 주현이 6학년, 3학년인가? ○○이가 한 2학년이었나? 이렇게 4살 차이 나니까요. 그런데 그때서부터는 약간 좀…. (면담자 : 확 차이가 나지요?) 예. 그러면서 애가 그때부터 형에 대해서 존재감을 많이 생각을 하는 거 같더라고요. (면담자 : 그러면서 의지도 많이 했겠지요) 예.

면담자   주현이도 그때부터 형 노릇을 많이 했나요?

주현 엄마   예, 중학교 들어갈 때부터 애가 많이 의젓해졌어요. 초등학교 때는 다른 애들보다 주현이가 키가 커요, 다른 애들보다. ○○이도 지금 크지만 주현이도 또래보다 컸었어요. 그래서 초등학교 때 컵스카우트 활동을 시켰는데, 그때부터 선생님이 키도 크고 그러니까 활동도 많이 시키고 하시더라고요. 나름 자기가 그런 거 하고, 친구들도 그런 자기 또래 친구들, 키 큰 친구들하고 많이 어울리면서 자기들이 애들, 또래 문화도 그렇게 형성을 하고 그래서, 주현이는 정말 어떤 활동 같은 거 할 때 있어서, ○○이는 약간 소극적이라면 주현이는 뭐든지 적극적이었어요. 그래서 선생님들이 주현이가 뭘 하면, "과학 시간에 뭘 한다", "실험을 한다" [하면], "주현이가 이거 되게 잘했어요" 그러면서 선생님이 꼭 전화를 해주시더라고요. 주현이는 과학적인 쪽에 많이 소질을 나타냈던 거 같아요.

면담자　　　과학이나 기술 같은 이과 과목을 잘했나요?

주현 엄마　　예, 그래서 이과 과목[이과로] 간 거예요. 그리고 마지막에 상 타고 갔어요. 엄마한테 상을 안겨주고 갔어요.

면담자　　　무슨 상 탔어요?

주현 엄마　　교내 과학경시대회에서 1등 해가지고 그래서 그런 쪽으로 많이 꿈을 키우고 있었는데, 제가 그래서 후회를 했던 게 그런 소질을 미리 알았으면 차라리 다른 학교를 보냈었어야 하는 생각을…. 엄마가 너무, 저희가 안산에서 살다 보니까, 아까 전업주부 얘기도 했지만 아이들이 커가니까 경제적인 면도 있고 이래 가지고 밖에 나가서 일을 했거든요. 그런 면을, 그것 때문에 더 소질 개발을 못해줬던 거 같아서 마음이 아파요. 정말 엄마가 그런 걸, 소질을 일찍 발견을 했다면, 이런 학교 안 보냈으면 이런 일이 없었을 거라는 생각에 정말 힘들고, 오늘 아침에도 주현이가 가장 행복해하는 게 무엇인가를 엄마가 더 물어보지 못했다는 게 되게 죄책감이 오더라고요. 엄마는 다른 아이들처럼 1등하는 거 원하고, 엄마의 욕심이. 제가 학교 다닐 때 못 했던 거를 아이한테 채우길 바랐던 거 같아요. 그래서 주현이한테 그런 걸 많이 바랐던 거 같고, 그래서 그런 부분이….

면담자　　　　주현이가 학교 다닐 적에 특별히 좋아했던 선생님이 있었나요?

주현 엄마　　　과학 선생님. 중학교 때 과학 선생님. ×× 선생님 아직도 계세요, 여자 선생님이세요.

면담자　　　　고등학교를 진학해서도 중학교 과학 선생님한테 연락도 드리고 그랬나요?

주현 엄마　　　예, 그랬을 거예요. (면담자 : 그럴 정도로 친했군요) 그럴 정도로 그 선생님께서 [잘 대해주셨고요], 그리고 담임선생님도 계속 연락도 하시고. 우리 주현이가 과학 시간에 과학을 이렇게 소질 있게 하는 걸 아직 기억을 하셔서…. ○○이가 다른 학교 다니다가 여기로 다시 온 거거든요. 거기 딱 전학을 오자마자 선생님께서 저를 알아보시고 형 얘기를 해주신다고 했는데, 얘는 또 가슴이 아팠는지 모르겠는데, "학교 다닐 때 니네 형 과학 진짜 잘했어" 이 얘기를 하시니까 그때 ○○이가 좀 싫어하더라고요, 그런 얘기를 하니까.

면담자　　　　○○이는 지금 형 이야기 듣는 게 여러모로 버거운 거지요?

주현 엄마　　　예, 그렇지요. (면담자 : 형 얘기가 안 나왔으면 하는 거죠?) 예. 그리고 제가 작년에 1년 [동안] 활동할 때도 그런 얘기를 한 적도 있었어요, "엄마는 자식이 주현이 형밖에 없어?" 너무 그쪽에 매달려 있다 보니까 얘가 한쪽으로 그런 생각을 하고 있는 걸 몰랐어요.

면담자　　　4월 이후에 쭉 세월호 관련 활동을 하시는 동안 ○○ 이는 집에서 계속 지냈나요?

주현 엄마　　　학교나 여기 다문화센터에서 활동하는 게 있었는데요, 그동안. 그게 이번 6월 20일 자로 끝나, 작년 7월 달서부터 이번 6월 20일까지 딱 1년 프로그램이 있었는데 그거 참여했었어요.

면담자　　　식사는 혼자서 차려 먹나요?

주현 엄마　　　그렇지요. 근데 대부분은 [제가 챙겨줬지만] 혼자 먹은 적도 있었지요. 제가 일요일 날 광화문을 간다거나 이러면 자기 혼자 점심에 라면을 끓여 먹는다든지 그런 적도 있었지요.

면담자　　　주현이랑 친한 친구들 있었지요?

주현 엄마　　　학원도 같이 다녔던 친구도.

면담자　　　단원고 친구들 말고도 많았나요?

주현 엄마　　　예, 그렇지요. (면담자 : 연락이 되나요?) 예, 계속 연락하고요, 전에 집에도 놀러 왔었어요.

면담자　　　부모님들하고도 다 아는 관계이신가요?

주현 엄마　　　그렇지요, 같이 카톡도 하고.

면담자   그 아이들 잘 크는 거 보면 어떠세요?

주현 엄마   한편으로는, 이런 생각 아시지요? '우리 주현이도 저렇게 교복 입고 같이 다녀야 되는데' 그런 생각을 너무 많이 해요, 요즘 들어와서는. 그 전에는, 그때 주현이 보내고 나서는 '너희들만이라도 잘 자랐으면 좋겠다' 이런 생각을 했었는데 지금은 우리 주현이가 없는 자리가 너무 크게 느껴지더라고요, 그 아이들 웃으면서 학교 다니고 이런 모습을 보니까.

면담자   최근에 주현이 생일 파티가 있었지요?

주현 엄마   예, '이웃'에서. 그때 친구들 많이 왔어요.

면담자   많이 왔어요?

주현 엄마   예. 현재 주현이 절친 한 세 명 정도 되고요, 그 이외의 친구들까지도 다 왔더라고요.

면담자   친구들이 잘 자라기를 바라면서도 부러우시기도 할 것 같아요.

주현 엄마   그렇지요. '내 아이는 왜 저 자리에 없을까?' 하는 생각.

면담자   주현이는 활동을 많이 했다고 했는데, 말수는 많은 편이었나요?

주현 엄마   말은 많이 하는 편은 아니었어요. 과묵하게 해내는 성격이었어요.

면담자   활동으로.

주현 엄마   예. 활동으로, 여자애들처럼 재잘거린다거나 그런 편이 아니라서…. 그러니까 남자애들 중에도 그런 애들 있잖아요, 주현이는 그런 편은 아니었어요. 그리고 자기가 형의 위치라서 더 그런 거 같고요.

면담자   맏아들이니까 그럴까요?

주현 엄마   예, 그랬던 거 같아요.

면담자   기타 치면서 노래하는 거 좋아했지요?

주현 엄마   예. 중학교 2학년 때 이모가 처음 기타를 사줬는데 저는 기타 치는 거 별로 안 좋아했어요, 개인적으로. 왜 그러냐면, 아시잖아요, 엄마들이 "대학교 가서 동아리 활동을 해라. 그때는 얼마든지 지원을 하겠다" 이러면서….

면담자   공부에 집중하라고?

주현 엄마   예. 고등학교 3학년까지는 그런 생각으로 많이 안 좋아했는데, 나름 유튜브 동영상 보면서 자기가 그런 걸 하고, 자기가 음악 노트에도 (적는 흉내를 내며) 이렇게 해보고 그러면서….

5
주현이의 성장과정 2

주현 엄마   그리고, 저는 제일 의문스러운 게 거기 케이, 그 대회가 뭐지요?

면담자　　　　오디션 보는 거요?

주현 엄마　　예, 케이팝[K-pop]같이 이렇게 나가는 거 있지요? 그걸
[슈퍼스타K에] 갔대요, 저는 몰랐는데.

면담자　　　　진짜요? (주현 엄마 : 예) 몇 학년 때요?

주현 엄마　　중학교 2학년 때인가, 한 3학년 때. 3학년 때 갔을 거
예요. (면담자 : 중3 때?) 예. 그러니까 중2 때 그것 연습하고 이러면
서 기타에 대해서, 그때서부터 다 나왔던 정준영이나 이런 사람들
좋아하면서 자기 나름대로 뭔가 하고 싶었던 게 있었던 거 같아요.

면담자　　　　삶이 적극적이었네요.

주현 엄마　　예, 주현이가 성격이 좋았어요, 쿨했다 그러나? 학교
가서도 주현이가 잘 보는 '개그콘서트'란 프로그램이 있어요. 그걸
꼭 보고 가더라고요, 다른 프로는 안 봐도. 근데 그걸 보고서 말을
인용해서, 친구들하고 지내는 거 많이 했어요.

면담자　　　　오디션은 예선에서 떨어졌죠?

주현 엄마　　그렇지요, 그랬겠지요. 그리고 자기의 실력이 뭐 얼마
나 출중했겠어요.

면담자　　　　기타는 이모가 사주셨다고 하셨는데, 어머니 동생이
신 거죠?

주현 엄마　　제 동생, 바로 밑의 동생이요.

면담자　　　　이모가 음악을 하시나요?

주현 엄마   아니요. 그런 건 아니고 주현이가 하는 거에 대해서 모든 걸 되게 적극적으로 해줘요, 여행도 많이 같이 가고.

면담자   어머님은 친정에서 맏이세요?

주현 엄마   예, 제가 맏이에요.

면담자   그럼 주현이가 동생분에게는 첫 조카겠네요.

주현 엄마   예, 첫 조카. 진짜 그것도 얘기 드려야겠다. 첫 조카, 주현이 이렇게 되고 나서, 저희가[저희 친정이] 딸 셋에 아들 하나예요, 막내가 아들인데, 딸 셋에. 이제 저랑 셋째랑, 제 바로 밑에 이모[동생]만 시집을 안 가고 저랑 셋째만 시집을 갔거든요. 근데 셋째도 아들이 둘이 있어요. 근데도 이 사건 이렇게 되고 나서, 정말 자기 아이들 한참 지금 돌봐줘야 될 아들인데, 1살, 3살 그래서 한창 돌봐줘야 될 아들이 있는데도 애가 식음을 전폐할 정도로 힘들어했어요. 그 정도로 첫 조카라는 그런 게…, 동생들도 심하게 트라우마를 겪었던 거지요. 그리고 지금 바로 밑의 동생이 이렇게 잘해줬고. 그리고 제가 말씀드리고 싶은 게 하나 있는데, 제가 부천 살았다고 그랬잖아요. 부천여중의 양승진 선생님 아시지요? 지금 미수습자. 저희 셋 다 가르치신 선생님이세요.

면담자   세 자매를요?

주현 엄마   예, 저 중학교 3학년 때 처음 스물다섯에 오셨어요, 부천여중을. 그래서 그때 처음으로 사회 과목을 가르치고, 제 바로 밑의 동생, 방금 얘기한 동생은 사회를 3년 동안 배운 거고, 막내만 윤리를 배운 거예요. 그렇게 졸업을 시켰던 분이 양승진 선생님인데 저는 몰랐어요. 제가 학교 활동을 한다고 했는데도 양승진 선생님에 대한 존재를 많이 못 느꼈거든요. 근데 이렇게 되고 나서 우리 막냇동생이, 애가 되게 똑똑해요, 저는 못 알아보는데 동생이 알아본 거예요. 그래서 알게 됐어요. 그랬더니 정말 맞더라고요. 앨범 보고 그러니까 양승진 선생님이 맞더라고요.

면담자　　　따로 인사는 안 하셨고요?

주현 엄마　　예. 그래 갖고 저는 학교에서, 단원고등학교가요 동아리 이런 게 되게 잘 돼 있어요. 그래서 "배추나 이런 걸 심는다"고, 그러니까 엄마들 따로 하는 게 있었어요. 그렇게 학교 생일파티를 많이 갔는데도 선생님에 대한 존재를 전혀 못 느꼈었어요. 그리고 학교 시험 감독도 많이 갔고 그랬는데도 그분을 한 번도 못 뵀던 거예요.

면담자　　　학교 활동에 많이 참여하셨네요.

주현 엄마　　예, 맞아요. 급식 감독도 하고, 주현이도 여기 단원고등학교도 그런 걸 다 했었어요.

면담자　　　아이가 싫어하지는 않던가요?

주현 엄마　　○○이는 싫어하는데, 주현이는 안 그랬어요.

면담자　　　주현이는 안 그랬어요?

주현 엄마　　예, 전혀 안 그랬어요, 엄마가 활동하는 거에 대해서. 그리고 같이 체육대회에서도 도와주기를 바라고, 같이하는 거 그런 거에 대해서 많이 얘기를 안 하더라고요. 근데 ○○이는 되게 싫어해요, 학교 활동 하는 거에 대해서.

면담자　　형제인데도 많이 다르네요?

주현 엄마　　예, 많이 달라요. 그런 얘기하잖아요, "같은 배에서 나왔는데도 이렇게 다르다"고. 그런 걸 그럴 때 느껴요, 진짜 솔직히.

면담자　　단원고등학교는 배정받는 거지요?

주현 엄마　　네. 그때 당시만 해도, 그때서부터 저기가 됐어요, 추첨. 추첨제가 돼버려 가지고, 주현이가 여기 강서고등학교가 제일 가깝거든요, 근데 저는 1지망을 강서고라고 썼거든요. 근데 어떻게 여기 단원고가 됐더라고요. 자기는 원했대요, 단원고를.

면담자　　왜 원했을까요?

주현 엄마　　그때 당시에 단원고가 애들한테 소문이 좋았고 부모들한테도 소문이 되게 좋았어요. 그러니까 저희 살고 있는 아파트 내에서도, 그나마 안산에서 오래된 아파트라서 치맛바람이 있다고 생각하는 아파트가 그 아파트인데 거기서 단원고를 많이 갔어요, 그때 당시에는. 너무 깨끗하고 좋은 학교라고 소문, 명품 학교라고 소문이 나가지고 자기는 되게 좋다고, 그러니까 딱 합격 통지서 받고 너무 좋아하더라고요. 저는 별로였거든요. 바로 옆에 강서고 있는데, 강서고는 걸어서 가도 되지만 단원고는 버스를 타고 네다섯 정거장 가야 되거든요. 그렇게 하는데 본인이 좋아하니까, 그냥 자기가 좋아서 가고…. 솔직히 얘기해서 저는 그걸 생각했어요. '용의

꼬리냐 뱀의 머리냐. 차라리 뱀의 머리가 돼서 가서 앞서나가는 애들이 됐으면' 하는 바람으로도 보냈지요.

면담자   단원고 다니면서도 좋아하던가요?

주현 엄마   예. 싫어하거나 그런 거 없고, 야자 타임 같은 것도 자기가 많이 하려고 하고 과외도 적극적으로 하고 자기가 하려는 거는 다 하려고 하더라고요. 선생님이 야자를 중요시하더라고요, 이 학교는.

면담자   야간 자율학습을 하면 밤에 몇 시에 왔어요?

주현 엄마   10시, 그러니까 10시에 끝나고 집에 오면 10시 20분, 딱.

면담자   학원을 다니지는 않았나요?

주현 엄마   그러니까 토요일, 일요일밖에 과외 할 시간밖에 안 되지요, 야자를 선생님이 되게 중요시했기 때문에.

면담자   10시 20분에 돌아오면 씻고 간식을 먹나요?

주현 엄마   간식 먹고, 자기 할 거 하고. 핸드폰으로 애들 좋아하는 만화가 있었어요, 무슨 만화더라? (면담자 : 웹툰?) 웹툰, 맞아요. 웹툰 그걸 보고 그러면서 쉬는 시간을 갖고, 그리고 자기 공부할 거 있으면 공부하다 12시나 1시 정도에 잠들더라고요.

면담자   아침에는 몇 시에 나가나요?

주현 엄마   7시 반?

면담자   7시 반쯤 나와서 주말에는 과외도 하고?

주현 엄마   예, 학원은 못 가고 과외만. 주말에는 학원이 많이 안 하더라고요.

면담자   선생님한테 가는 과외였나요?

주현 엄마   예.

면담자   주현이 일주일 일정은 빡빡했네요.

주현 엄마   예. 꽉 차서, 나름 꽉 찼지요. 그나마 토요일, 일요일 날 시간 되면 그때 기타를 만졌지요.

면담자   고등학교 때는 여행을 갈 시간이 없었군요.

주현 엄마   예, 고등학교 가서는 거의 없었어요. 그래서 어디 여행 간다 그러면 과외 선생님한테 얘기하고 "일요일 날 하루 빠지겠다" 이런 식으로 해서밖에는 갈 수가 없더라고요.

면담자   사춘기를 느끼신 적은 없으셨나요?

주현 엄마   사춘기? 아니 주현이는 모르겠어요. ○○이는 되게 심하게 겪었는데 주현이에 대해서 사춘기라고 느낀 거는 거의 없다고 생각해요. 의젓하게 자기가 할 일 묵묵히 과묵하게 해내고 그러니까 특별하게 사춘기라고 그렇게 생각했던 부분이 별로 없었어요. 그러니까 '성격적으로 까칠하다' 이런 부분이 있으면 '아, 얘가 사춘기라서 그렇다' 그러는데 그런 부분은 없었어요, 주현이는.

면담자   고등학교 2학년 때까지 전혀 없었나요? 엄마나 아빠에 대해서 거스른다거나 덤빈다거나 하는 것도요?

주현 엄마   예, 전혀 그런 게 없었어요. 그러니까 자기가 기타 활동을 해서 그런지 몰라도, 기타를 제가 하게끔 놔둔 이유가 공부하다가 스트레스를 받잖아요. 그나마 돌파구가 있어야 될 거 같더라고요. 그래서 기타를 하게 놔뒀었던 거거든요. 그래서 방학 때도 여기에녹실용음악학원이라고, 요즘은 실용음악학원들이 엔터테인먼트사들하고 연결이 돼서 하더라고요. 그래서 거기로 꼭 보내고 그러면서, 지도 안 좋은 일이 있다 그러면 거기 가서 음악하면서 거기 있는 드럼 같은 거 치면서 그러면서 푼 거 같아요. (면담자 : 발산도 하고?) 예, 했던 거 같아요.

면담자   어머님이 진짜 현명하게 잘 해주셨네요.

주현 엄마   저는 그냥 주현이 하고 싶은 거 있다면 해줄 수 있는, 한계가 다할 수 있는 데까지 하는 게 최고라고 생각하고 산 거예요, 저는 다른 건 없고. 근데 문제가 제가 욕심이 너무 과했던 거 같아요, 주현이한테. 그렇게 잘하는 애인데 엄마는 너무 1등만 바라고 사회 나가서는 정말 이런 상이 돼야 된다고 하고…. 그리고 주현이가 아토피가 있어서요. ○○이는 우유를 되게 벌컥벌컥 잘 마셔서 저렇게 키가 크거든요. 근데 얘는 우유를 못 마셔요, 체질적으로. 그게 되게 아쉽더라고요. 키가 안 큰 것도 아닌데 엄마 욕심에는 "185까지 자라야 된다. 표준 키는 [가수] 비다" 이러면서 (웃으며) 그런 걸 너무 욕심을 부렸던 거 같아요.

면담자   그래도 컸었다면서요.

주현 엄마   예, [1]78.

면담자   음식은 안 가리고 잘 먹었나요?

주현 엄마   아토피가 있어서 그런 부분은 가렸어요. 계란 같은 거 못 먹고, 고기 종류를 많이 좋아해서, 이게 일이 이렇게 되려고 그랬는지 몰라도 저희가 이게, 하기[참사] 전에 어떻게 우연하게 아웃백 스테이크[하우스]를 가서 그걸 먹게 됐어요.

면담자   수학여행 가기 전에요?

주현 엄마   예. 다른 가정에서도 얘기를 들어보면 그런 경우가 꽤 있더라고요. 일이 이렇게 되려는지는 모르겠는데, 연결을 시켜서 그런지 몰라도, 그래서 거기서 정말 풀코스를 다 먹고 그런 게 너무, 그때 당시 처음이었거든요. 그 전에는 그렇게까지 안 먹었거든요. 근데 그때는 이상하게 많이 먹었어요.

면담자   외식하게 되면 아끼게 되잖아요. (주현 엄마 : 예, 맞아요) 그런데 그날따라 충분히 먹이신 건가요?

주현 엄마   이상하게 충분하게 다 먹었어요, 저희 가족들이 전부 다 같이.

면담자   아버님은 공부에 대해서 어떤 편이셨어요?

주현 엄마   아빠는 지켜보는 자세? 저한테 공부 같은 걸 많이 맡기는 편이라서, 제가 했던 게 있어서 그러는지 몰라도 아빠는 옆에서 그렇게 하고, "너무 하지 말아라" 이런 얘기하는 거? 그러면서 아이들 내가 쪼는 거 같으면 데리고 나가고….

면담자   엄마가 심하다 싶으면 말리는 편이었군요?

주현 엄마	예.
면담자	아버님도 주현이에게 가지는 바람이 있지 않으셨어요?
주현 엄마	자동차 부분을 정말 인정을 했어요.
면담자	아버지도 그걸 좋아하셨군요.

주현 엄마 　예, 어디 넷이서 여행을 가는데, 아직도 그거 시골에 갖고 있는데, 주현이를 항상 옆에 태웠어요, 주현 아빠 옆에, "이 자리는 우리 주현이 자리"라고. (면담자 : 큰아들 자리라고?) 예. 그러면서 걔는 이렇게 어디 가면 차멀미를 하는 건지 모르겠지만 잠을 잤어요. 그런데 자다가 이상하게 지가 감이 오는지 옆에 이상한 자동차만 지나가면 딱 눈을 뜨더라고요, 그 정도로. (면담자 : 구경하느라고?) 예. 그러니까 그런 감이 나름 있었던 거 같은 거예요, 자동차에 대해서는 많이. 그러니까 애기 아빠도 그런 걸 인정을 했던 거 같아요.

면담자 　주현이 방의 물건들은 어떻게 하셨나요?

주현 엄마 　저희 이사 안 갔어요, 이사를 가려고 했는데 이모도 그렇고 아빠도 그렇고 많이 반대를 해요, 지금도. "주현이 오면 자기 방 찾아가야 된다"고 그래서 그대로 다 있고 책상 위에는 물건 전시해 놨어요, 주현이 물건. 오면 지 거, 좋아하는 가수 CD나 이런 거 보라고 그냥 전시 정도로 해놨어요, 책상 위에. 옛날 같으면 공부하라고 아무것도 없이 해놨는데, 저희 요번에는 주현이 여태까지 했던 물건들이나 이런 걸 같이 다 모아서 차곡차곡 쌓아놓고 밑에 정리하면서, 위에는 주현이가 볼 수 있게끔 전시도 하고 그랬어요.

면담자　　　다른 부모님들은 또 다르시지요? (주현 엄마 : 그렇지요) 간직하는 분도 있고 치우는 분도 있고?

주현 엄마　　　예, 저희는 그대로 다 갖고 있어요.

면담자　　　그런 얘기들 부모님들끼리 나누시나요?

주현 엄마　　　그럼요, 저희 이제 반 당직하거든요.

면담자　　　반 당직이요?

주현 엄마　　　예, 분향소에서 돌아가면서.

면담자　　　분향소에서 서로 안부 나누기도 하고 그러시는 건가요?

주현 엄마　　　예, 그렇지요. 그때 만나서 서로 반 회비 걷어서 저녁 먹으면서 근황 같은 거 물어보고….

면담자　　　학교 입시는 정보가 중요하잖아요? (주현 엄마 : 예) 입시 정보는 보통 어디서 얻으셨나요?

주현 엄마　　　저는 지금 학교 선생님들. 다른 엄마들은 모르겠는데 저는 학교 선생님들하고 꽤 친했어요, 이상하게. 그래서 최혜정 선생님이 영어 선생님이셨거든요. 아실 거예요, 요번에 희생되신 최혜정 선생님도 저랑 되게 친하게 지냈어요, 같은 영문과 나왔다 그래서 그런지. 주현이가 자동차를 좋아하니까…, 주현이가 영어를 싫어했어요. 엄마는 영어를 했는데 이상하게 아들은 싫어하더라고요, 자기는 과학, 수학 이런 게 좋다고 그런 쪽을 많이 하고. 애는 진짜 전형적인 남자애 케이스였어요. 주현이는 수학, 과학 이런 과목을 좋아하는 스타일이라서 최혜정 선생님하고 주로 많이 얘기를 했던 거 같아요. "애 데리고 교보문고 가서 자동차 관련 영어 서적을 사줘라" 이렇게, 서로 그런 걸 많이 얘기를 많이 했던 거 같아요.

면담자　　어머니들끼리 반 모임도 할 텐데 그런 곳에는 적극적으로 나가셨나요?

주현 엄마　　애들이 중학교 때는 많이 했는데, 같은 아파트 단지고 그래서. 근데 고등학교 때 와서는 작년에 체육대회 했는데 엄마들이 바빠서 그런지 많이 안 오시더라고요.

면담자　　사는 곳이 많이 흩어져 있으니까.

주현 엄마　　예, 흩어지고 그렇지요. 중학교 때 엄마들은 지금도, 원일중학교에서 단원고등학교 간 애들이 어느 한 명도 생존자가 없거든요, 그 엄마들도 지금도 계속 만나고 있어요.

면담자　　원일중학교에서 단원고로 많이 왔었나요?

주현 엄마　　진짜 55명인가 싸그리 다 그렇게 됐어요. 정말 한 명의 생존자도 없어요.

면담자　　원일중학교 어머님들끼리는 학교에서 만나시나요?

주현 엄마　　예, 그리고 지금도 학교[에서] 만나니까, 자주 보니까. 그 엄마들 외에도 초등학교 때 모였던 엄마들도 아파트 같이 살고 있으니까요. 근데 제가 요즘은 이 일 있고 나서는 많이 피해요, 솔직히 얘기해서. 지금은 그 엄마들을 만나는 거 자체가 괜히 제가 제 자식을 잃은 죄를 졌다 그럴까, 이런 죄책감이 생겨서 그런지 몰라도 지금은 그 엄마들을 피해서 운동도 다른 데 가서 하고 그래요. 약간 그런 성향을 보이고 있어요, 저 나름의 어떤 마음속에도. (면담자 : 그러시면 안 될 텐데요) 예, 근데 아직은….

면담자   아이들이 수학여행을 1학년 때도 갔나요?

주현 엄마   1학년 때는 안 갔지요. 1학년 때는 단순히 서울랜드인가 그리 간 거 같아요. 각자 모이기로, 서울랜드에서 모이기로 그랬는데, 2학년 때는 본격적으로….

면담자   그러면 수학여행 앞두고 많이 설레고 들떴겠네요?

주현 엄마   그렇지요. 자기가 주현이는 공연, 기타 치려고 했었잖아요. 주현이가 '상속자들'이라는 프로그램을 즐겨 봤어요. 그래서 거기 나오는 옷들 그런 거에 대해서 많이, 자기가 많이 즐겨 입었거든요, 이민호가 입었던 그 패션이 뭔가 해가지고. 지금 중앙동에 상표가[그 상표 매장이] 있거든요. 거기를 가면 이상하게 사장님이 얘만 오면 되게 좋아하세요. 다른 사람들은 못 보고 그냥 가잖아요. 얘는 바로 사. (웃으며) 주현이는 사니까….

면담자   자기가 돈을 모아서요?

주현 엄마   아니, 그게 아니라 저는 결제를 해주지만. 지는, 주현이는 딱 마음에 드는 게 있으면 바로 사는 스타일이었어요. 다른 사람들처럼 못 보고 그냥 가는 게 아니라 주현이는 완전 그 사람한테 VIP 고객이지요. 그런 상표를 많이 입어서, 수학여행 갔을 때도 3박

4일 [동안] 하루는 뭐 하루는 뭐 이게 다 돼 있었어요. 자기 옷을 다 챙겼어요, 지가 알아서.

면담자　　　아주 멋쟁이였네요.

주현 엄마　　예. 그래서 그날 주현이가 발견됐을 때도 주현이 아빠랑 저랑 '이 옷을 입고 있었겠다' 생각을 했거든요. 진짜 그 옷 입고 있더라고요. 그래서 옷에 대한, 얘가 그런 것도 되게 깔끔했어요, 옷에 조금 뭐가 묻어도 빨래 내놓고 그런 식으로 깔끔한 스타일이었고. 그리고 지금 중앙동 아까 거기 얘기드렸던 상표, 거기를 갔더니 [사장님이] 최혜정 선생님이 자기 딸 친구라고 하더라고요. 인연이, 사람 인연이라는 게….

면담자　　　그 사장님의?

주현 엄마　　예. 딸 친구라고, 그래서 주현이 얘기를 하니까 눈물을 흘리시면서 그 얘기를 하시더라고요. 지금도 동생이 그 상표를 보려고 가요. 그러면 사장님이 주현이 입을 옷 챙겨다 주시고 그러시더라고요. 신상품 딱 들어오면 저희가 [사가지고] 절에 가서 태워주고 이러거든요. 딱 챙겨놓으시고 그러시고….

면담자　　　수학여행 갈 때 기타도 가져갔던 거죠?

주현 엄마　　처음 낙원상가 가서 이모랑 둘이 같이 본 기타예요. 그것도 [밴드 CNBLUE의 멤버] 정용화가 치는 크래프터[Crafter] 기타, 그거 사 왔고, 제법 돈이 나가는 그런 기타를 사준 거였어요.

면담자　　　장기 자랑 때 할 생각으로?

주현 엄마   아니, 그게 아니라 선생님이 부탁을 하셨어요. 주현이 보고 "하나 해달라"고, "A랑 둘이 하나 해달라고 부탁을 했다"고 하더라고요, 희한하게 상도 A랑 같이 타고.

면담자   과학경시대회요?

주현 엄마   예. 상도 타고 참 둘이 그렇게, 그리고 아파트도 같이 살았고 그래서.

면담자   A랑도 친한 사이였어요?

주현 엄마   예, 항상 같이 학교 갔어요.

면담자   반도 같은 반이었나요? (주현 엄마 : 예) 기타도 같이 쳤나요?

주현 엄마   아니, 기타는 주현이만 쳤고 걔는 노래를 하기로 했대요, 수학여행 가서.

면담자   주현이가 준비한 거나 기대한 것 중에 기억나시는 건 없나요?

주현 엄마   모르겠어요. 제가 기억나는 건 기타를 계속 연습하고, 애들하고 연습 맞춰본다고 실용음악 원장 선생님한테 부탁해서 한 번 더 가서 하고…. 방학 때만 학원을 다녔거든요. 근데 일부러 간 거예요, 친구들 모여서 같이 노래 연습 하러 간 거고. 원장 선생님한테 특별히 전화해서[드리니까] "그럼 언제든지 오라"고, "상관없다"고 그러면서 해주서 가지고 그렇게 연습하는 거에 들떠 있는 게 많았던 거 같아요, 지금 생각해 보면.

면담자	멋쟁이였는데 이성 친구는 없었나요?

주현 엄마 근데요, 제가 그거를 전혀 생각 못 했어요. 주현이한 테 이성 친구가 있으리라고 생각을 안 했거든요, 정말 저는 공부…. 엄마가 그런 스타일이어 가지고. 근데 장례식장에 여자애들이 너무 많이 왔어요(웃음). 처음 알았어요, 정말. (면담자 : 인기가 좋았던 거겠 지요) 그런 건 줄 모르겠는데 저는 처음 알았어요. 그리고 그날 저녁 때 이모가 몸이 안 좋아서 사우나를 갔는데 그 사우나에 가서도 여 자애들이 모여서 주현이 얘기를 하고 있다고 그러더라고요. 그런 걸 들었대요.

면담자 이모도 이 동네 사시나 봐요?

주현 엄마 · 아니요, 이모가 조카를 너무 좋아하다 보니까 ○○이 때문에 많이 와서…. 제가 그동안 ○○이 못 봐준 이유 중에, 뒤에 있던 게 이모가 있었어요.

면담자 이모가 ○○이 살피러 오는 건가요?

주현 엄마 예, 주말에 꼭 와요. 일주일 동안 자기도 피곤할 텐데 지금.

면담자 이모가 직장 다니시나요?

주현 엄마 예, 한솔에서 팀장 하면서 선생님들 교육을 해요. 그 렇게 피곤할 텐데도 꼭 오고.

면담자 옷도, 악기도 사주는 고마운 이모네요.

주현 엄마　　　그렇지요. 막냇동생은 주현이 음식 있잖아요? 제가 직장 다니다 보니까 주현이 음식에 대해서 많이 못 해준 게 있는데, 막내 이모가 해주는 음식을 좋아했었어요, 주현이가.

면담자　　　해서 보내주는 건가요?

주현 엄마　　　예, 그렇지요. 게장도 담가서 보내주고 그렇게.

면담자　　　막내 남동생은 어떻게 지내세요?

주현 엄마　　　지금 팀장님이 잘 아실 거예요. 여기[기억저장소] 있다가 지금 다른 데 가 있어요. (면담자 : 이쪽에 계셨군요) 예, 잠깐 있다 갔어요.

면담자　　　어머니는 종교 생활도 하시나요?

주현 엄마　　　저희는 딱히 종교가…, 엄마 계실 때는 불교였었는데. 주현이, 여기 아파트에 이사 오니까 다들 동산교회에 다니시더라고요, 그래서 주현이 낳고 잠깐 그분들하고 어울리면서, 다 또래 아이들 엄마였으니까, 그분들이 다 그런 종교 생활을 하고 계셔서 기독교 생활을 잠깐 했었어요. 그러다가 지금 다시 불교로 돌아왔지요.

면담자　　　아버님은 어떠세요?

주현 엄마　　　아빠는 영원히 불교예요, 시댁 쪽이 전부 다 불교를 믿고 계셔서.

면담자　　　시어머니는 살아 계신가요?

주현 엄마　　　예. (면담자 : 안산에요?) 아니지요. 구리에 사세요, 경기도 구리시.

면담자   그러면 아버님이 안산에서 직장을 다니시던 거였나요?

주현 엄마   예, 그래서 여기 안산에 터를 잡은 거지요.

면담자   결혼하셔서도 시부모님하고 같이 산 적은 없으신가요?

주현 엄마   아니요, 전혀. 여기에 아파트 마련해서 (면담자 : 여기서 그냥?) 예.

면담자   부모님은 저쪽에 계시고?

주현 엄마   예.

면담자   그 전에도 주현이가 수학여행 같은 걸 간 적이 있나요?

주현 엄마   예. 수련원[회]식으로 해서 간 거 같아요, 작년 1학년 때 간 건가? 하여튼 평택에 수련원인가 어디 간 거 같아요, 느낌에, 지금 생각해 보니까.

면담자   하루 이틀 자고 온 적이 있다는 말씀이시지요?

주현 엄마   네. 제가 주현이가 그때 돈을 안 가져가서 수련원에 직접 전화를 했었어요, "돈 보내줄 테니까 애 좀 전해달라"고. 그 기억이 언뜻 나요.

면담자   요번에는 돈 챙겨주셨나요?

주현 엄마   예, 요번에는 확실하게 챙겼지요. 그래서 자기 지갑에 돈 넣고, 엔에프시[NFC] 카드라고 아시지요? 핸드폰에 충전해서 갖고 다니는 거, 여기도 5만 원 넣어주고 지갑에도 한 10만 원 정도 넣어주고, 그래서 확실하게 요번에는 많이, "제주도 가서 니가 사고 싶은 거 있으면 사라"고 일부러 돈도 많이 주고. NFC 그것도 물건 사도 된다고 하더라고요. 그래서 거기도 충분하게 넣어주고 그렇게 보냈지요.

면담자   주현이 키우시면서 경제적으로는 부족함 없게 해주셨다고 생각하세요?

주현 엄마   예. 저는 크게 주현이한테 경제적으로 못 해주거나 한 건 없는데, 요번에 옷 살 때, 아까 옷 얘기드렸잖아요, 그게 고가의 물건이라서 많이 미뤘던 거 같아요, 약간. (면담자 : 나중에 사주시려고?) 예. 다른 거는 10만 원 이내의 상품 같은 경우는 바로바로 사주는데 그거는 정말 비싸더라고요. 티 하나에도 몇십 만 원 하고 이래가지고 "나중에 사" 그게 그렇게 돼가지고 더 마음이 아프지요.

면담자   아이들이 가지고 싶어 했던 걸 팽목에 놓아두는 분도 있으시더라고요.

주현 엄마   예. 아, 주현이 또 못 사준 게 아디다스 옷 있잖아요. 그 옷은 애들이 발견됐을 때 아디다스 옷을 상당히 많이 입고 나왔어요, 아래 위 운동복. 저는 그거 "백수 옷 같다"고 안 사줬거든요, 정말로.

면담자   본인은 입고 싶어 했어요?

주현 엄마   예, 본인은 입고 싶어 했는데 정말 백수 스타일 같더라고요, 옷이 자체가. 그래서 "아니, 아무리 무슨 상표가 있는데 이런 옷을 입냐?"고 그러면서 일부러 안 사줬어요. 그 옷은 정말 제가 처음으로 안 사주고, 처음이자 마지막으로 안 사준 옷이 그 옷이에요. 정말 안 예뻐 보이…. 아니, 예뻐 보이고 안 예뻐 보이고를 떠나서 실용성도 없어 보이고. "니가 입어서 어울릴 거 같지도 않고" (웃으며) [하면서 안 사줬어요].

면담자   주현이는 인기 많은 학생이었던 거 같아요, 활달하고.

주현 엄마   예, 지금 보면 생김새도 그렇고. 제 아들이라서 그런 게 아니라, 제가 볼 때 되게…. 전 우상적으로, 저는 여자애들보다 남자애들을 더 좋아하는 스타일이었어요, 그래서 되게 우상적으로 키웠고…. 제가 타 방송에도 그랬는데 주현이 오는 시간이 가장 행복했어요. 하루 중에 10시 25분을, 그 시간을 엄청 [기다렸지요]. 텔레비전 보다가도 "주현이 올 때 됐다" 이러면서 "아들 왔냐?"고 그러면서 크게 소리도 지르기도 하고 그래서 아파트에서 모르는 사람이 없을 정도로, 이 집은 아들 오는 시간이 가장 저기라고.

면담자   아버지랑 ○○이는 서운하다고 안 그럴까요?

주현 엄마   ○○이가 그런 마음이 있었던 거 같아요, 알게 모르게. 그러니까 지금 와서 "엄마는…" 그런 얘기를 했겠지요. (면담자 : 형한테 의지하면서도 한편으로는 서운했군요) 예, 한편으로는 그렇지요.

면담자   그 또래엔 싸움이나 술이나 흡연을 호기심으로 할 수 있는데 주현이는 하지 않았나요?

주현 엄마 　　　주현이, 저는 몰랐는데 이번에 생일 때 '이웃'에서 친구한테 처음 들었어요, 잠깐 호기심에 담배를 피웠는데 주현이는 한두 번 하더니 "'이건 아니다' 싶어서 바로 안 했다"고 하더라고요. 그리고 술은 아빠가 평소에도 맥주 같은 거 마시면서 "한 모금 먹어봐" 이러면서 우리는 자연스럽게 했었어요. 술 같은 거는 음식이라고, 먹는 음식이라고 그러면서 그거에 대해서는 크게 터치를 하거나 하지 않았는데, 지가 싫어서 안 한 거고. 담배 같은 경우는 정말 싫어했어요. 아빠도 담배를 안 피세요.

6
주현이의 성장과정 3

주현 엄마 　　　근데, 하도 엄마가 싫어하는 영역에 있어서 그런지 몰라도 친구들하고 호기심 삼아 딱 두 번 정도 했었대요. 그런데 걔는 바로, 주현이는 "'안 된다'고 딱 바로 끊었다"고 하더라고요.

면담자 　　　그래도 친구들하고는 격의 없이 잘 지냈나요?

주현 엄마 　　　예. 그러니까 친구들이 좋아하는 스타일, 쿨한 성격, 바로 그런 거 같아요. 주현이는 그런 정도였어요. 이모들도 정말 "성격이 쿨해서 사회생활 하기 딱 좋다"고, 남들한테 꽁한 마음? 맺혀 있는 이런 걸 안 가졌어요, 주현이는 솔직히 얘기해서. 친구들도 다양성 있게 사귀면서 애가 많이 쿨하게 애들한테 대해주고 하니까 다들 주현이를 좋아했던 거 같아요. 요번에 애들 놀러 와서도 얘기하는 게 "주현이 정말로 성격 쿨했다"고 얘기해 주더라고요.

면담자   아이들이 "쿨하다"고 하는 건 최고의 칭찬이잖아요.

주현 엄마   예, 그렇지요. (면담자 : 사랑받아서 그런가 보네요) (웃으며) 아, 그래요? 그러면 다행인데 저는 그렇게 못 해준 거 같아요. 엄마는 너무 공부하라고 몰았던 거 같아요, 애를요. 그게 제일 많이 힘들어요, 지금 상황에서도.

면담자   4월 16일부터는 다음에 여쭤보겠습니다.

주현 엄마   예, 그렇게 하세요.

면담자   괜찮으시지요?

주현 엄마   예.

면담자   오늘 구술은 여기까지 하겠습니다. 긴 시간 어려운 말씀 잘해주셔서 너무 감사합니다.

2회차

2015년 7월 26일

1
시작 인사말

면담자　　본 구술증언은 4·16 사건에 대한 참여자들의 경험과 기억을 기록으로 남김으로써 이후 진상 규명 및 역사 기술에 기여하고자 합니다. 지금부터 김정해 씨의 증언을 시작하겠습니다. 오늘은 2015년 7월 26일이며, 장소는 안산시 단원구 글로벌다문화센터입니다. 면담자는 손동유이며, 촬영자는 강재성입니다

면담자　　어머님, 안녕하세요.

주현 엄마　　예, 안녕하세요.

2
사고 당시의 상황과 진도의 상황

면담자　　수학여행 당일에 주현이가 많이 들떴었나요?

주현 엄마　　그럼요. 선생님께서 부탁을 하셔가지고 아이들하고, 실용음악 다니던 학원이 있었어요. 방학 때마다 거기까지 가서 연습도 하고[요]. 그래서 제가 선생님한테, 실용음악 원장님한테 전화해서 "가서 연습 좀 하겠다"고 하니까 원장님이 "언제든 와서 하라"고 이렇게 반겨주시면서 해서, 가서 애들하고 연습하고, 그런 과정을 되게 즐겼던 거 같아요.

면담자　　주현이가 어른들한테 예쁨을 많이 받던 친구인가 봐요.

주현 엄마　　예, 애가 생각이 어른스러웠어요, 다른 사람보다도. 처음 딱 봤을 때는 애기같이 느껴지지만 대해보면 많은 사람들이 어른스럽게 보시더라고요.

면담자　　16일 날은 동생 ○○이도 수련회가 있어서 15, 16일에 많이 바쁘셨겠네요.

주현 엄마　　[주현이는] 15일 날 보냈고, 그다음에 16일 날 아침에 바빴지요, ○○이 수련회 하면서 김밥도 싸서 보내야 되고…. 주현이는 따로 김밥을 싸거나 그런 건 없었고, 그냥 가는 과정이라서, 거기 학교에서 수업하고 바로 저녁때 저녁을 먹고 배에 탑승한 거 아시잖아요. 그랬기 때문에 그런 건 없었지만, 아침에 보낼 때 좀 "잘 갔다 와라" 하는데 그날따라 이상하게 되게 큰 소리로 배웅을 했어요, "주현아, 잘 갔다 와" 하고. 다른 날은 그냥 "그래, 잘 갔다 와" 이런 정도만 얘기를 했었거든요, 여태까지는. 근데 그날따라 "주현이는 엄마한테 이 세상에 없어서는 안 될 아들이야" 이런 얘기까지도 했던 거 같아요, 이상하게. 그게 느껴지지는 않았는데 이상하게 그날따라 그렇게 너의 존재까지 얘기를 했던 거 같아요.

면담자　　수학여행 교통편을 정할 때 어떻게 결정을 하게 된 건가요?

주현 엄마　　저희한테 물어본 거는 아니고, 부모한테 따로 조사한 거는 아니고 아이들한테 조사를 했더라고요. "배랑 비행기가 있는데 뭘 할까?" 했더니 아이들이 그때가 1박 2일의 이승기가 그쪽에 불꽃놀이 축제를 했었대요, 관매도에서. 그게 하나의 선망의 대상이었나 봐요. 그래서 "아이들이 그쪽을 많이 선택을 했다"고 하더라고요, 배로 타고 가는 거를. 그래서 저는 그 정도로 알고 있고요. 그리고 쪽지가 왔었어요, 공문식으로 해가지고. 이해봉 선생님이 주체가 돼가지고, 5반인가 이해봉 선생님 글씨일 거예요. 그분께서 주최가 되셔서 방 배정하는 거, 이런 어떤 공문식으로 해가지고 에프포(F4)에는 누가 타고 이런 식으로 했는데, 주현이가 남자 이과 반 8반이라서 7반 8반 반반씩 타는 50명, 80명 들어가는 방에, 50명 타는 그 방에 배정이 됐더라고요.

면담자　　　가정통신문을 통해서 보신 건가요?

주현 엄마　　예. 그리고 우리 바로 밑의 이모가 우스갯소리로 "왜 하필이면 배를 타냐?" 그런 얘기를 하면서 "A 선생님한테 전화를 하겠다"고, 괜히 배가 석연치 않았었나 봐요. 그런 얘기를 직접 하겠다고 우스갯소리로 농담 반 섞어가면서 얘기를 했었던….

면담자　　　비행기 타고 가는 걸 원하셨나 보네요.

주현 엄마　　예. 저희는 여행도 비행기로 갔기 때문에 '배로 제주도 간다는 거'를 한 번도 생각도 안 해보고, 저희 가족 중에도 한 명도 그런 사람도 없었고요. 배로 제주도를 가거나 이런 사람도 없었고, 한 번도.

면담자　　　사고 소식은 어떻게 접하게 되셨나요?

주현 엄마　　저희 [작은] 애 수련회 보내고 나서 뉴스를 틀었는데 진도 앞바다에서 배가 침몰했대요. 그래서 저는 그냥 일반 배, 우리

배라고는 생각도 못 했어요. 그냥 '어선들 요즘 자주 침몰하는 거 있으니까 일반 배가 침몰했고, 우리나라 OECD 가입 국가고 그러니까 저런 거 금방 구할 거야' 그러면서 저는 크게 생각 안 했었어요. 근데 얼마 안 있다가, 그때 당시에는 단원고 이런 얘기도 안 나오고 그냥 "진도 앞바다에서 배가 침몰, 여객선이 침몰했다" 그 정도만 나왔었으니까, 그러고 나서 한 10분 정도 있는데 이모가 울며불며 전화가 온 거예요. 한 15분 정도인가 전화를 받은 거 같아요, 15분, 20분 제 기억에는. "거기 맞다. 우리 주현이 탄 배 맞다"고 난리가 난 거예요. 그래서 다시 봤더니 정말 아니나 다를까 단원고, 그때부터 얘기가 나오기 시작을 하더라고요. 정말 어쩔 줄을 모르겠더라고요.

김밥 싸던 거 다 내팽개치고 정말 하나도 정리가 안 된 상태에서 집 나와가지고 애기 아빠한테 전화해서 "지금 배 이렇게 됐다"고 얘기하면서 아빠한테 가자고 하니까 아빠가 5분, 10분 만에 [왔어요]. 지금 공단에 회사를 다니시는데 여기서 꽤 멀어요. 적어도 아침 출근시간 2, 30분 이상 걸릴 거리인데 어떻게 밟고 오셨는지, 자기도 정신없이 밟고 와가지고 10분 만에 도착을 했더라고요.

면담자　　　아버님은 댁으로 오셨어요?

주현 엄마　　　예, 저 태우고 같이 학교를 간 거지요. 그게 40분 정도 도착을 했을 거예요, 학교에.

면담자　　　오전 9시대였나요?

주현 엄마　　　예, 9시대지요. 지금 얘기해 드린 건 다 그때예요. 15분, 20분에 그 얘기를 듣고 애기 아빠한테 전화하고, 내 동생도 울며불며 전화를 하고, 집 안에 일도 팽개치고 윗옷 하나 걸치고 나온 거예요. 정말 옷 입은 상태로 너무 정신이 없었지요. 다른 엄마들은 애 입을 옷이랑 이런 걸 챙겼다는데 저는 그날 너무 경황이 없어서, 그런 거 챙길 경황도 없이 나와버렸어요, 그냥 윗옷 하나 걸쳐 입고. 애기 아빠도 회사 출근한 상태로 해서 바로 학교에 갔지요. 그랬더니 40분쯤, 근데 주차할 데도 없더라고요, 이미 많은 부모들이 와 있어서. 그래 가지고 다른 연립주택 주변에, 단원고 주변의 연립주택에다가 주차를 하고 학교를 갔더니 벌써 4층 대강당에 통곡 소리와 운동장에는 이미 온갖 신문사 방송사 차들이 벌써 대기를 하고 있더라고요.

면담자   부모님들도 많이 와 계시고?

주현 엄마   예, 4층 대강당. 무조건 4층 대강당으로 가라고 하더라고요. 부모들은 그쪽으로 다 모이더라고요.

면담자   학교에서는 그때 어떻게 안내를 하던가요?

주현 엄마   가면서요, 그 전에 이 얘기를 못 드렸네요. 제가 너무 정신이 없어서 가면서 학교에다 전화를 했어요. 그 전에는, 애기 아빠 오기 전까지는 너무 초조해서 [못하고 있다가 학교로 가면서] 전화를 했는데 맨 처음에 전화를 받으시더라고요, 행정실[에서]. 교무실로 전화했더니 행정실 쪽에서 받으시더라고요. 그래서 "지금 어떻게 된 거냐?"고, "이런 뉴스 기사가 나오는데 어떻게 된 거냐?"고 그러니까 "어머니, 걱정 마세요. 지금 학교에서, '선생님들이 배에서 애들 구명조끼 입히고 안전하게 대피하고 전원 구조하시고 있다'고 얘기를 들었다"고 그래서 처음에는 안심을 다 했어요. 근데도 부모 마음은 그게 아니잖아요, 배라는 위험한 상황이니까. 그런데도 가고 싶어서 간 거예요. 그리고 가면서 계속 "전원 구조" 문자가 엄청 뜨더라고요.

면담자　　어디서 문자가 왔나요?

주현 엄마　　학교지요. 그리고 제가 학교 일을 했었기 때문에 학교 선생님들도 잘 알고 그러니까 그 행정실 전화받고 그다음에 전화를 했더니 전화가 불통이에요, 그다음서부터는. 그다음서부터 불통인 전화하고 나서는 문자가 계속 뜨기 시작을 한 거예요. 저도 뜨고 아빠도 떴나? 저한테 주로 많이 떴어요. 제가 [가면서 전화로] 확인하고 [난 다음에] 엄청, 이 전화로, 옛날 전화, 지금은 전화기 바뀌었는데 이 전화기로 "전원 구조" 문자를 엄청 받았던 거 같아요. 그러면서 학교 도착해서도 받았고, 4층 대강당 올라가서도 받았고.

　　그래서 가니까 8반 엄마들 몇 명이 보여가지고, "아침에 애랑 통화를 했느니" 이런 식으로 전화를 [한 사람이 있는지] 얘기를 들으면서, "왜 여기서만 계속 기다리냐? 한번 교무실도 가봐야 되는 거 아니야?" 그러면서 선생님한테 얘기를 해가지고 교무실도 가봤더니 교무실에서도 별반 다른 상황이 없더라고요. 그냥 생존자 명단, 그때 당시에 생존했던 애들, 그런 애들만 "몇 반에 누가 있다" 이런 식으로만 한두 명, 그때 많지가 않았어요. 그때 처음 사고 일어난 당시라서 그런지 올라온 애가 그렇게 많지는 않더라고요. 계속 구조하고 있는 중이라고 그러면서 생존자를 한두 명 정도 보여주고, 이렇게 1반부

62
•
주현 엄마 김정해

터 10반 리스트에서 표시를, 동그라미 표시를 해놨더라고요.

교무실에서 한참 앉아서 울다가 다시 올라가 가지고 TV 화면 그 거 보면서, 선생님들이 생중계된 그런 화면을 보는 거지요. 그런 식 으로 보면서 기다렸는데도 안 되니까, 너무 초조하고 부모들이 난리 가 난 거니까, 시청에서 차를 빌려가지고 12시에 시청 버스를 타고 내려간 거예요.

면담자　　　처음에 차가 몇 대가 내려갔나요?

주현 엄마　　그때 맨 처음에는 두 대 왔다가, 네 대로 금방 또 하다 가, 그것도 모자라서 다섯 대인가 여섯, 그러니까 계속 두 대씩 증가 가 되더라고요.

면담자　　　부모님들 다 가신다고 하니까요?

주현 엄마　　예, 그렇지요. 그래서 차 타는데도 우왕좌왕하면서 타 가지고 애기 아빠랑 [겨우] 둘이 타고….

면담자　　　아버님도 가시고?

주현 엄마　　그럼요, 같이. 떨리는 마음으로 어떻게 탔는지도 모르 고 그냥 탔어요. 타가지고 가는데 내내 5시간 이상 걸릴지 생각도 못 했고, 거기가 그렇게 먼 곳이라고 생각도 못 했어요, 진도라는 곳 도 저도 처음 가봤고, 태어나서 한 번도 그쪽에 갈 일도 없었고. 그 리고 가면서도 되게 많이 의혹이 있던 게, 중간중간에 차가 많이 섰 어요, 희한하게. 화장실 때문에 이런 것도 아니고 휴게소도 아닌데 서고, 기사들 자기네들끼리 협의해 가지고 서고, 그렇게 하면서 시간을 지체했던 거 같아요.

면담자   왜 그랬을까요?

주현 엄마   그니까 그때부터 모종의, 학교하고의 어떤 연락을 주고받았던 건지 모르겠는데….

면담자   가시는 동안 학교로부터의 문자나 설명은 없었습니까?

주현 엄마   선생님들이 간혹 올라오는 거, 생존자 애들 올라오는 거에 대해서 맨 처음에 출발할 때 얘기해 주시고, 중간에 한 번 구조 상황 그런 것만 얘기를 해주신 거예요. 근데 계속 똑같은 애들이더라고요. 제가 알고 있는 애가 딱 한 명밖에 없었고, 제가 1학년 때 주현이랑 같은 반이었던 애 한 명밖에 없었고, 계속 똑같은 상황이지 거기서 더 이상 진척이 되거나 그런 일은 없더라고요. 그래서 그런 거 들으면서 계속 5시간을 그렇게 해가지고 내려가, 여기서 진도 내려가서 도착한 시간이 5시[간] 이상 걸렸어요. 5시가 넘어선 걸로 알고 있어요, 제가 알기로는.

면담자   여기서 12시에 떠났다고 했는데.

주현 엄마   예. 떠나기는 12시에 떠났는데, (면담자 : 도착해 보니까 5시 넘고?) 예, 넘은 상황이지요. 중간에 그렇게 쉬지 말고 갔어도 5시간이 걸릴 상황인데 중간중간에 그렇게 일부러 지체도 하고 그런 상황을…. 앞의 기사가 "서라" 그러면 계속 뒤차는 설 수밖에 없는 상황이잖아요. 그러니까 고속도로 휴게소 아니고 그냥 고속도로 빠져나가는 곳인데도 서고, 고속도로 중간에 돈 내고 나가는 데 있지요? 톨게이트 중간 그런 곳인데도 서더라고요. 옆에다 갓길[에] 갖다 주차를 하고, 애들도 올라왔다 그러면서 선생님들은 주목을 시키고, 그 상황에 대해서. 그렇게 내려간 게 제가 한 7시로 생각해요, 5시간을 가는 거리인데, 제가 정확하게는 생각이 안 나지만. 그때 딱 가서, 내려가서 딱 처음 생존자 명단을 진도체육관 앞에다 다 적어놨더라고요.

면담자　　　진도체육관으로 가신 건가요?

주현 엄마　　　체육관으로, 그렇지요. 팽목항이 아니었지요, 진도체육관이 처음 도착지였지요. 처음 도착지에 몰아놨다가 팽목항은 저희 원하는 부모들끼리 간 거였어요, 나중에 밤에. 그래서 7시인가 도착해서 명단 확인하는 게 기사로 나갔더라고요, 제가 명단을 확인하는 게. 그래서 그때 친척분들도 다 아신 거더라고요. 그래서 그거 확인했는데 없어요, 애가 명단에 없는 거예요. 그래 가지고 체육관 안으로 들어갔는데, 들어가 가지고 보니까 아수라장 됐지요, 벌써. 체육관 안은 이미 많은 부모들도, 벌써 개인 차 갖고 내려가신 부모들도 계시고, 그렇게 해가지고 부모들이 완전….

면담자　　　체육관 도착하셨을 때 어둑어둑했겠네요.

주현 엄마　　　예, 그렇지요, 약간.

면담자　　　체육관에 TV는 준비되어 있었나요?

주현 엄마　　　아니요, 그때 당시는 없었지요. 그냥 공무원들, 자기네들 데스크랑 책상들하고 컴퓨터 그런 것만 갖다 놓고, 체육관이기 때문에 단상 설치한 거랑 그다음에 그때 재난 구조 상황 무슨 반이 꾸려지잖아요. 긴급 재난 구조반이라든가 그런 반이 꾸려져서 한쪽에서 뒤로 돌아가면 체육관 안쪽에 저희 모르게 뒤쪽에서 회의하는 그런 시스템이 있었었나 봐요. 그렇게 되고, 이쪽에서는 공무원들이 보조자들이겠지요, 그 윗대가리들의 보조자들이 컴퓨터를 놓고 앉아 있는 거예요.

면담자　　부모님들은 체육관 바닥에 앉아 계셨던 거죠?

주현 엄마　　예, 바닥에 다 주저앉아서 울고.

면담자　　체육관에 모여 있으셨던 건가요?

주현 엄마　　예, 그때 당시는 내려갔을 때 아무것도 준비가 된 게 없었어요. 그러고 나서 거기서 있게 되니까 적십자에서 이불이나 그런 게 그때서, 저녁때부터 온 거고, 저희는 그때 7시쯤 도착해서 7시 반, 8시 이렇게 계속 구조가 된다는 얘기만 듣고 아무 행동을 하는 게 없으니까.

면담자　　안내는 누가 했나요?

주현 엄마　　공무원들이 한 거지요. 그러니까 어떤 아빠가 너무 화가 나서 난리를 친 거예요. "니네 여기 앉아서 뭐 하느냐?"고, "가서 구조하지 뭐 하냐?"고 그러면서 거기 있는 컴퓨터를 다 때려 부수고 그렇게 하시더라고요. 어떤 엄마도 답답해서 "왜 보고만 있냐?"고, "같이해야 되는 거 아니야?" 이런 식으로 그러다 한두 시간 기다린 거 같아요. 근데 계속 "애들이 그쪽으로 온다" 그랬는데 안 오더라고요.

그래서 "애들이 어느 쪽으로 오냐?"고 그랬더니 거기로 온대요, 팽목항으로. 그래서 일부 부모들이 그때 팽목항으로 내려간 거였어요.

면담자　　　생존 학생들 그리로 온다고 해서?

주현 엄마　　예, 저는 그쪽[진도체육관]에 애들이 올 줄 알았어요. 근데 우리가 도착하기 전에 왔던 거예요, 걔네들은. 그리고 병원으로 다 호송이 됐던 거예요. 저는 걔네들을 보지를 못했어요. 그리고 나가지고 저는 그쪽에 애들이 또 올 줄 알고, 생존자 애들이 다 들어와서 여기에 올 줄 알고 기다렸는데 2시간을 기다려도 안 오길래 "어디로 오냐?"니까 팽목항으로 먼저 온다는 거예요. 그래서 팽목항으로 다 갔지요. 엄마들이 팽목항 가서, 아이들 보고 싶은 사람들이 가서, 그때부터 반반 갈라진 거예요, 체육관에 남아 있는 분들하고 팽목항하고. 팽목항에 처음 딱 도착하니까 부둣가밖에 정말 보이는 게 없더라고요. 부둣가에 털썩 주저앉아서 엄마들 다 울고….

면담자　　　팽목엔 생존 학생들이 좀 있었나요?

주현 엄마　　아니요, 없었어요. 그때 당시에는 들어오는 사람들도 없어요. 그냥 거긴 다, (면담자 : 아무것도 없었나요?) 아니요, 방송 차. 아주 웬 방송 차는 그렇게 다 와 있는지, 솔직히 얘기해서.

면담자　　　방송 차하고 천막이 있었나요?

주현 엄마　　천막도 없었어요. 저희가 처음에 갔을 땐 정말 아무것도 없었던 상태고 방송 차만 비집고 들어갔다니까요, 그 좁은 길을. 팽목항 안에 들어가는 길이 상당히 좁거든요. 그리로 들어가는 게 상당히 좁은데 거기에 방송 차들이 다 포진돼 있으니까 그걸 뚫고 들어가서, 차도 그 [매표소] 앞에다 바로 내려준 게 아니라, 여객선 [표] 사는 데, 매표소에 내려준 게 아니라, 거기가 본부였었잖아요, 거기다 내려준 게 아니라 한참 들어가는 골목에 내려[줬어요]. (면담자 : 뒤쪽에다가?) 예, 걸어서 들어가서 뚫고 들어가다 보니까 YTN 이런 차들이 계속 보이고…. 부둣가에 도착해서 그쪽으로 애들이 올 줄 알고 저희는 거기서 기다린 거지요. 그래서 거기서 앉아가지고 하염없이 기다리고 있는데, 그때까지 10시, 11시까지도 소식이 없더라고요.

면담자　　　팽목에서 안내를 해주는 사람은 있었나요?

주현 엄마　　　아니요, 그런 거 전혀 없었어요. 우리는 그냥 가겠다고 해가지고 차만 대준 거예요.

면담자　　　안내받은 건 하나도 없이 기다리신 거예요?

주현 엄마　　　예, 저희는 없어요. 그냥 하염없이 기다리기만 한 거예요. 저는 정말 그런 거 받은 적 없고요, 제가 그때 생생히 기억을 하거든요. 제가 아무리 기억력이 나빠졌다 해도 그런 건 진짜 생생히, 그날 기억은 생생하거든요. 전혀 그런 거 없었어요. 만약에 그런 게 있었다면 조금이라도 덜 답답했겠지요. 제가 받은 거는 오전에 전원 구조 문자, 통보받은 건 그게 다인 거 같아요. 애들이 온다는 그거 하나 믿고 희망을 안고 우리는 [팽목으로] 간 거고 부모들은, 그것도 일부 부모들만, 나선 부모들만 간 거고 그렇지 않은 부모들은 체육관에 남아 있었고.

주현 엄마 김정해

면담자	팽목항으로 가는 버스가 몇 대였나요?
주현 엄마	그때 저희는 그냥 조그만 버스 타고 간 거 같아요. 큰 버스가 아니라 그냥 급조를 해서 그런지 조그만 버스 타고 그쪽으로 데려다준 거 같아요.
면담자	그때 팽목으로 가시는 부모님은 2, 30명 정도셨나요?
주현 엄마	예, 그 뒤에는 많이 오셨는지 모르겠는데 제가 탄 버스는 그랬어요.
면담자	그 밤에는 어떻게 지내셨어요?
주현 엄마	그러고 나서 11시 반, 12시까지 계속해[서 기다려]도 안 오는데, 부둣가 한쪽에서 MBC 기자인가 누군가 거기다가 "애들 오는 거 확인해야 된다"고 그러면서 "명단을 적으라"고 하더라고요, 우리 부모가 지금 누구누구 왔는지. 그래서 그냥 적었어요, 저희는 그때 아무것도 모르고 '이걸 통해서 아이들 찾아줄 수 있을까' 그 희망으로. 근데 그걸 어떻게 썼는지 모르지요, 솔직히 얘기해서. 그렇게 해가지고 줬고, 그러고 나서 앉아서⋯. 그러다 비가 왔는데, 그날 비가 왔었어요. 비가 왔는데 그때 천막, 그때 새벽 되니까, 2시 되니까 춥더라고요.

그때 처음 차웅이가 올라온 걸로 기억나요, 새벽인가 언제 올라온 걸로. 그리고 차웅이부터 최혜정 선생님 얘기서부터 지금 기억나는 게 그거거든요, 지금. 제가 천막에서 추워 가지고 이렇게 떨면서 움츠리고 자고 있는데 "최혜정 선생님인가 누가 올라왔다"고 그런

얘기가 들린 거 같고, 계속 올라온다는 그런 얘기를 들으려고 그 자리에 있었던 거고…. 그리고 천막에, 그날도 비가 계속 와가지고, 그다음 날도 비가 왔었던 걸로 알고 있는데, 그때 비닐 천막 그 상태로 있었어요, 하루 이틀을. 그러고 나서 박근혜 온다니까 그때 천막이 본격적으로 쳐진 거예요, 3일째 되는 날. 그 전에는 정말 그런 거 없었어요. 그냥 비닐 막사에서 바닷가, 그것도 부둣가 근처에서 옹기종기 다 그쪽에서 모여 있었어요. (면담자 : 그때 천막이 쳐진 거군요) 예, 그때 천막이 본격적으로 쳐지기 시작을 한 거지요.

면담자　　　그 뒤로 어머님은 팽목항에 계속 계셨던 건가요?

주현 엄마　　예, 첫날부터 계속 있던 거예요.

면담자　　　그다음 날은 체계가 갖춰지던가요?

주현 엄마　　그냥 본부 차려진 거, 매표소에 본부 차려진 거밖에 없고, 거기서부터 "아이들 올라온다"고 얘기를 칠판에다가 적고 하더니, 천막 차리는 그때부터 방송 시스템을 [설치]하더라고요.

면담자　　　부모님들은 그때 대표를 정하는 게 필요하지 않았나요?

주현 엄마　　그렇긴 했는데, 그때 그런 상황이 아니었어요. 아니야, 대표 뽑은 건 그 전에 체육관에서 빛나라 아빠가 자기가 자진을 했었어요. 그때 우리가 체육관에 앉아 있을 때 "누가 하나 필요하지 않냐?" 그래서 빛나라 아빠가…. 그때 빛나라 엄마가 그걸 했어요, 학교운영위원회. 그래서 아빠가 나서서 "내가 우리 애, 딸 자기도 이렇게 잃어서, 나는 딸 잃은 죄인이기 때문에 난 이 일을 하겠다" 하면서 나서서 했던 거였어요.

면담자   17일에 박근혜 대통령이 온다는 소식을 아셨나요?

주현 엄마   예, 얘기는 들었어요.

면담자   어머님 그때 체육관에 계셨나요?

주현 엄마   팽목항에 있었어요. 저희는 체육관에 없었어요.

면담자   그러면 체육관 상황은 모르시는 거죠?

주현 엄마   예, 그렇지요. 전혀 모르고 얘기만 들었어요. 문지성
아빠가 이거 보여줬다는 이런 얘기. (면담자 : 뭘 보여줬나요?) 애 뭐
보여줬었나 봐요. 애 사진 보여주면서 "이 애가 바닷속에 있다" 이런
식으로…. 그런 얘기만 들었어요.

면담자   거세게 항의했는데 보도가 안 되어서 답답하다고 하
시더라고요.

주현 엄마   예, 그렇지요, 맞아요.

면담자   대통령 말고도 이주영 장관이나 박준영 도지사도 왔
었죠?

주현 엄마   도지사도 [왔고] 그 누구지? 국무총리 정홍원.

면담자   그쪽에 와 있기는 했지요?

주현 엄마   예, 왔었어요 다.

면담자   그 사람들은 가족분들하고 직접 만나서 대화하는 일

은 없었나요?

주현 엄마   없었어요. 공개적으로 한 적은 없고 한 번 이렇게 지나가는 정도, 그런 정도로 했던 거 같아요. 그리고 안산시장이 그때 당시에 김철민 시장이었는데 그 사람, 안산시가 와서 주둔을 하니까, 계속 시장분이 앉아서 있던 걸로 알고, 그 외에 의원들, 그런 사람들이 왔다 갔다 했던 거지요. 그 사람들[은] 주로 [왔다 갔다 하고] 시장만 상주를 하고.

면담자   어머님은 팽목항에 얼마나 오래 계셨나요?

주현 엄마   주현이가 2주 만에 왔으니까, 딱 2주 동안 다.

면담자   그때 계속 거기 계셨던 거예요? (주현 엄마 : 예) 제가 갔을 때는 가족분들 숙소랑 천막은 조성이 되어 있었던 것 같은데요.

주현 엄마   예, 그러면 그때는 한참 지났던 거지요.

면담자   부두 쪽에 우선 천막이 생긴 거지요?

주현 엄마   예, 맞아요. 부두 저쪽으로, 뒤쪽 그쪽에 A, B, C, D, E동 해가지고 있는데, 맨 첫 동이 E동이 됐었어요. 저희가 맨 첫 동에 있었거든요. 그 뒤로 A, B, C, D 그리고 여기 이 E동을 맨 앞에다가 해가지고 그때부터 간이 화장실하고 그쪽, 지금 허허벌판으로 있는 곳이 그쪽이에요. 바닷가 바로 앞 저쪽에, 방파제 그쪽으로 해서 적십자사 이런 분들이 식사 준비 하는 곳이 쭉 있었고.

면담자   의식주는 자원봉사자들이 챙겨주신 건가요?

주현 엄마   그 사람들이, 그러니까 그때는 정말 먹는 거 다 식음 전폐하고 그러면서 애 기다리니까, "이거라도 먹어서 애 봐야 되지 않냐? 어떻게 해야 되지 않냐?" 이런 얘기를 하다 보니까 먹는 게 먹는 게 아니라 입에 들어가는 건데도 [맛도] 못 느끼면서 먹는 거지요.

면담자   팽목항에 계시는 부모님들과 소통은 어떻게 이루어졌나요?

주현 엄마   그때 당시에 저희가 그러고 나가지고 팽목항에 자원봉사자 이런 사람들이 공짜로 숙식이 제공이 되니까 그것 때문에 그런지 "이상하게 부모 아닌 사람들이 많다" 이런 소문이 돌았어요. 그래서 그것 때문에 그런지 갑자기 반 대표 얘기도 나오고 해가지고 다시 체육관을 가게 됐어요. 그래서 "반 대표 뽑아서, 반 대표 [주도] 아래 이름표 달아서 우리가 부모인 걸 확실하게 하고 다니자". 그리고 노숙자뿐만 아니라 팽목항[에] 당시에는요, 부모보다도 더 많은 사람들이 누군지 아시지요? 사복경찰관, 부모보다도 더 많은 사람들이 사복경찰관이었어요.

면담자   안에 들어와 있었어요?

주현 엄마   예, 그분들이 침투를 많이 했었지요. 모르게, 우리 모르게 아웃도어 [옷을] 입고 왔다 갔다 하니까 부모인지 이런 사람인지 모를 정도로 그런 사람들이 많았던 거였지요. 나중에 알고 보니까 그런 분들이 다 사복경찰관이라는 걸 알게 됐지요, 얼마 정도 시간이 지나고 나서. 그렇기 때문에 체육관에서 우리 부모[들만] 명패 해가지고 확실하게 하고 그러면서 반마다 모였어요, 저녁마다 한 번

씩 모여서 회의를 하고.

면담자   명찰을 배부한 게 언제쯤이었을까요?

주현 엄마   한 20일? 23일, 22일 그 정도 됐을 거예요. 24일 날인가 저희가 해수부 장관하고 그 자리에 있었거든요, 해수부 장관. 해양경찰청 차장하고 경찰청장하고 세 사람 모여놓고, 아빠들한테 보이니까 일이 안 되는 거예요. 엄마들이 나서자 해가지고 쳐들고 갔지요, 거기 안에 본부를. 그러면서 그 사람 세 명 모아놓고, 그날이 24일 날이에요. 정확하게 기억나는데 그때까지 애가, 16일[부터] 24일이니까 일주일 넘게 안 온 거잖아요, 8일째니까. 그래서 그때 이런 저런 얘기를 하니까 그때부터 본격적으로 그날 저녁에 면담하고 나서 "아이 핸드폰이 뭐냐?" 이러면서 본격적으로 얘기를 물어보기 시작을 하더라고요.

면담자   누가 물어보았나요?

주현 엄마   나와 있던 관계자들이겠지요, 정부 관계자들이겠지요.

면담자   아빠들한테 맡겨놓으니까 어떤 게 잘 안 된 건가요?

주현 엄마   그거지요, 구조 상황. 아빠들이 아무래도 그런 거에 대해서, 군대도 갔다 오고 이런 분들이 많으니까 그런 식으로 구조에 대해서 본격적으로 더 잘할 줄 알았는데, 나선 빛나라 아빠나 다른 사람들 자체도 이런 거에 대해서 [잘 알지를 못했던 거지요]. 구조가 많이 이루어질 시기였잖아요. 그때 당시만 해도 일주일이 지났으면, 8일째였으면 그 바다 40미터에서 애가 살지 못했다는 걸 부모들도 어느 정도 포기를 하고 있었을 거예요. 그래도 건져 와야 되잖아요. 근데 그거 자체도 안 됐던 상황이잖아요. 일부 몇몇 애들만, 그렇게 [바다 위에] 둥둥 떠 있는 애들만 해가지고 올라와 가지고 장례 치르기 바빴고 그러니까. 저희가 너무 답답했던 상황이에요, 그 상황에서는 정말.

면담자   아빠들이 그런 걸 잘 못하셨나 보지요?

주현 엄마   예, 저희가 느끼기에는 그랬던 거지요. 빨리 어떻게라도 지금 있는 애들 올라오게끔 해서 뭔가를 해야 되는, 상황이 빨리 진척이 돼야 되는데, 하루에 올라오는 거 지네들 마음이었어요, 솔직히 얘기해서. 하루에 두세 명 올 때도 있고, 대조기, 소조기 이런 걸 따져가면서 "이때는 못 한다", "이런 때는 작업 못 한다" 그걸 따랐으니까, 아빠들이 그 얘기를. (면담자 : 아빠들도 안타깝지는 매한가지겠지만) 예, 매한가지지만.

면담자   흥분은 하는데 꼼꼼히 하지는 못했나요?

주현 엄마   예, 그렇지요. 그쪽의 해경 관계자들의 억압이나 이런 것들도 있었지요. 저희는 그때 정확하게는 모르겠지만, 그런 게 있었기 때문에 바다에 들어가고 싶어도, "우리가 민간 잠수사를 사가지고 들어가게 해달라" 별별 얘기가 많이 나왔어요, 반마다 회의를 하면서도, 근데 그거를 못 하게 많이 막고…. 저희 7, 8반이 있는 곳이 배의 맨 앞부분이었어요, 선수 부분. 이렇게 처박혔으니까 7, 8반 부모들은 애가 타는 거예요.

3
주현이와의 만남과 장례

주현 엄마　　더 많이 깊숙이 들어가서 아이들을 데리고 와야 될 곳이라서, 그러니까 "이 부분을 더 먼저 해달라" 그러면서 [강하게 요구를 한 거지요]. 〈다이빙벨〉 영화 보면 그 부분이 나와요.

면담자　　그때 어머님들과 이야기한 책임자들의 자세가 어떻던가요?

주현 엄마　　영화 보셨을 때 상황하고 똑같아요. "자기네들도 애가 있는데 이 상황에서 내가 왜 구조를 안 하고 싶겠냐?" 이런 식으로. 자기의 어떤, 나라를 대변하는 얘기를 하는 거지요. 그러니까 정말 구조를 하는 진정한 자세가 아니라 겉도는 얘기를 하면서 "자기도 이렇게 하고 싶다" 이렇게 우리를 설득하는, 설득력 있는 얘기만 늘어놨던 거지요. 그 얘기로 밤을 샜어요, 솔직히. (면담자 : 계속 겉도는 얘기) 예. 정말 그러고 나가지고요, 그다음 날 대조기인가 해가지고 "바다 작업 못 한다"고 했거든요. 우리 그러고 나가지고 애들 엄청 올라온 거 알지요? 2, 30명 이상, 한 번에 쫙.

면담자　　어머님들 면담하고 나서?

주현 엄마　　예. 분명히 "작업 못 한다"고 했던 날이었어요, 그날이.

면담자　　사실 관계를 떠나서 어머님들 입장에서는 찜찜한 게 많으셨겠네요. (주현 엄마 : 많은 거지요) 가는 날도 그렇고. (주현 엄마 : 그럼요) 석연찮은 점들이 많으셨죠?

주현 엄마 김정혜

주현 엄마   그것도 그렇고, 진도체육관하고 [팽목항을] 분리가 되게 한 거잖아요. 지금 와서 생각을 해보면 그 분리 체계를 만들어놓은 거 같다는 생각이 딱 들어요, 소통도 못 하게.

면담자   거기가 버스로 2, 30분 거리죠?

주현 엄마   아니요, 한 40분, 30분 넘게 걸려요. 거기가 팽목항하고.

면담자   외부인은 그렇게 멀 거라고는 생각 못 하겠네요. (주현 엄마 : 그렇지요) 다 같이 있는 거라고 착각하기도 하겠어요.

주현 엄마   그렇지요. 그냥 무조건 "진도에 있다" 그러면 진도체육관에 다 있는 걸로 알겠지요.

면담자   해경 내지는 구조 책임자들하고도 대화를 해보신 적이 있나요?

주현 엄마   잠수사. 그때 당시에는 길에 뭐지? 방파제 그 길로 해가지고 잠수사들도 많이 다녔었어요, 민간 잠수사들. 너무 속상해서, 그때 당시에 여자애들이 앞 반이라서 그런지 여자애들만 많이 구조를 한 거예요. 잠수사 붙잡고 하루는 내가 통곡하면서 울었어요. "왜 우리 애 남자인데 왜 남자애들은 안 구하냐?"고 그러니까 그때 당시에 그 잠수사가 "어머니, 걱정 마시라"고, "꼭 구해드리겠다"고 그런 얘기까지 해가면서 당시에 한 번 진실하게 얘기를 했던 거 같아요, 잠수사한테.

면담자   아이들이 더는 살아 있기 힘들겠다고 언제쯤 생각을 하셨나요?

주현 엄마　　　다 3, 4일째 부모들이 많이 그랬을 거 같아요. 왜 그러냐면 그 깊은 바닷속에서, 아시지요? 무슨 시간이라 그러지? 밖에 공기, (면담자 : 골든타임) 예, 골든타임. 72시간이 지난 그 이후에 부모들이…. 근데 저는 그때 설왕설래했었어요, 그때까지만 해도, 그냥 3, 4일 그때까지만 해도. 근데 일주일 지나니까 정말 기적이, 기적이라도 일어났으면 좋겠다는 마음이 들더라고요, 정말.

면담자　　　중간에 안산을 한 번 오시진 않으셨나요?

주현 엄마　　　그거는 29일 날 전이었어요. 그때 28일 날 저희 이모가, (면담자 : 동생분이요?) 동생이 왔는데, 동생이 주현이에 대해서 되게 애절했었어요. 같이 여행도 다니고 이러니까. 일요일이 두 번 있었어요, 거기 내려가서. 그 첫 주에 와가지고 "죽겠다"고, "거기 바다에 뛰어들겠다"고 해가지고, 경찰이 그걸 봐서 중간에 응급실, 간이 응급실이 많았거든요, 거기다 데려다 놓은 거예요. 그래서 저는 온다는 애가, 아침에 안산에서 8시인가 9시에 차가 떠나요, 그 차로 떠났으면 분명히 2시 정도에 도착을 해야 될 애가 안 오는 거예요, 3시, 4시인가 기다려도. 그래서 이게 어떻게 된 건가, 그 첫 주 일요일에 저도 그때 마음 추스르기 바쁜 상황이었지만, "온다"는 애가 안 오니까 '이상하다' 생각을 했더니 아니나 다를까 거기 가서 링거를 맞으면서 "죽겠다"고 정신을 못 차리고 있더라고요.

　　근데 그 애가 제 옆에 있으면, 그때 당시 저희 친척분이 누가 하나, 애기 아빠 형님이 같이 계셨었는데 형님하고 형수가 내려가면서 걔를 "데려가겠다"고. "지금 이 부모들도 애 때문에 정신이 없는 상황에서, 이모까지 그러면 어떻겠냐?" 그러면서 이모를 추슬러서 저녁에 가는, 진도에서 서울 올라가는 차를, 안산 가는 차를 [타고] 데리고 올라갔어요. 첫 주에는 그렇게 링거 맞은 상태로 해가지고 그랬는데 두 번째 또 왔더라고요, 그 일요일에. 근데 그때 당시 누구 [안산으로] 올 사람이 없는 거예요, 같이. 그래서 '안 되겠다, 집에 아무것도 안 해둬서', 그때 당시[사고 당일] 그냥 왔잖아요, 김밥도 다 상했을 거고 그런 식으로 집이 어수선할 것 같아서 '그냥 애 올라가는 길에 같이 한번 애 데려다주고 나도 집 한번 보고 와야겠다' 그 마음으로 올라왔던 거예요, 같이. (면담자 : 두 번째 일요일에서야 처음으로?) 일요일 날. 예.

면담자   아버님은 팽목에 계시고요?

주현 엄마   예, 거기 있고요. 그래서 올라와서 하는데, 저녁때 그때 당시 [자원봉사] 방범대[원]들이 차로 다 태워다 주셨어요, 집까지. [안산]올림픽기념관까지 셔틀버스가 갔고 거기서 집까지…. 저희 집이 여기니까 선부동까지 태워주시는데, 방범대 나이 드신 어머님이 옆에 타셨는데 그분은 운전을 안 하셨고 얘기를 하신 거예요. "애가 왔냐?"고 물어보더라고요. 그래서 "아직 안 왔다"고, "저희 너무 애타게 기다리고 있다"니까 "집에 불이 다 꺼져 있냐?"고 해요. "맞다"고, 그때 당시만 해도 4월 달이니까 추워서 보일러 같은 거 틀 때였거든요, "다 꺼놓고 왔지 그럼 누가 그걸 켜놓고 오겠냐?"고 그랬더니 "그러면 집에 가서 다 다시 켜놓고 오라"고, 미신이지만 그렇게 얘기를 해주시더라고요, 아이가 혹시 왔다 갈지 모르니까. 그래서 정말 집에서 다시 그러고 왔어요. 그렇게 다 켜놓고, 거실 불이고 뭐고 다 켜놓고, 보일러도 켜고, 그다음에 식탁에 먹을 것도 놓고 그랬더니 그다음 날 바로 오더라고요. 그렇게 해서 29일 날 주현이를 만났어요.

면담자　　　주현이를 만나신 게 29일 날 오후 2시경이라는 자료를 봤어요.

주현 엄마　　　예, 맞아요. 그때 처음 왔다고 얘기해서.

면담자　　　어떻게 얘기를 들었습니까?

주현 엄마　　　예. 먼저 주현이는 저걸 갖고 나왔어요, 하나는 학생증 갖고 나오고 단원고 학생증하고, 그다음에 도서관증 갖고 있고. 한쪽 주머니에는 이렇게. (면담자 : 옷에?) 그러니까 주머니가 두 개 잖아요. 한쪽 주머니에는 핸드폰, 한쪽 주머니에는 지갑에 그게 다 있었어요. 그래서 쉽게 주현이를 구분할 수 있었어요. 다른 애들은 아디다스 옷 이런 거, 옷하고 이런 인상착의를 보고 구별한 반면에 주현이는 그래서 쉽게 얘기를 해주시더라고요. "안주현이 발견됐다"고 이렇게 해서 4시쯤에 아이들을 확인했던 거 같아요. 그래서 "어디서 발견했느냐?" 그랬더니 "5층 로비에서 발견됐다"고 그것까지 다 적어주시더라고요.

면담자　　　원래 방은 4층이죠?

주현 엄마　　　예. 근데 5층 로비에서 자기 친구들 호연이하고 민성이하고, 원일중학교 친구들이었거든요, 그 친구들하고 같이 발견된 거예요, 셋이서.

면담자　　배에서 기타를 잡고 있는 사진을 보셨다고 하셨죠?

주현 엄마　　예. 그 방에 물이 이렇게 딱 들어오니까 한쪽은 가방, 쌈지 가방, 여행용 가방하고 기타가, 이렇게 잡고 있는 사진이 저한테 지금 있어요.

면담자　　다른 친구가 찍은 건가요?

주현 엄마　　예, 우재라고, 우리 반에 고우재가 1번이거든요. 걔가 찍었더라고요, 그 사진을. 그래서 엄마한테 보내가지고 저희가 한 세 장 정도 사진, 배에서 있는 사진 세 장 정도를 갖고 있어요. 8반 엄마, 아빠들 다 갖고 있는 거지요. 근데 주현이가 거기 딱 그게 있더라고요. 보이더라고요, 기타 잡고 한쪽에는…, 배가 이렇게 쓰러지니까 기타 잡고 가방 이렇게 잡고.

면담자　　주현이 만났을 때 어떠시던가요?

주현 엄마　　(눈물 훔치며) 완전히, 뭐라고 말을 못 하겠더라고요. 만져보고 싶은데 물에 퉁퉁 불어가지고 다 그렇게 돼 있어[서] 차마 만질 수가 없는 거예요, 그게 터질 거 같은 그 느낌에. 그래서 (눈물을 훔치며) 아빠가 옆에서 "미안하다"고, "잘못했다"고, "많이 못 해줘서 미안하다"고 울면서 얘기하고, 저도 진짜 머리끝부터 발끝까지 한 번 다시 만져보고 뽀뽀하고 싶은데 그걸 못 하겠더라고요, 차마. 그리고 발에 나이키 신발 신었었는데 신발을 안 신고 맨발로 나오고, 그게 눈에 딱 처음에 띄더라고요. 그래서 (눈물을 훔치며) 그게 정말 너무 보기 힘들고….

면담자   중학교 친구들하고 같이 왔다고 그랬지요?

주현 엄마   그리고 호연이를, 같이 친했었어요. 기타도 같이 학원 다녔고, 4반 반장.

면담자   호연이 부모님과 지금 잘 지내시나요?

주현 엄마   지금 되게 친해요, 예.

면담자   신분증으로 확인은 됐지만 한 번 더 확인을 하지요?

주현 엄마   그래서 그걸 보여준 거예요.

면담자   가족분 중에는 아버지하고 어머니만 만나보고요?

주현 엄마   예, 그렇지요, 제가 그때 갔다 와서 오후에 바로 [아이가] 왔으니까. 그 얘기 듣고 가가지고 기타 카포[capo]…, 맨 처음에 먼저 받은, 인도한 사람이 "뭐 뭐 갖고 올라왔다"고, "한쪽 주머니에는 기타 카포하고 이어폰 이런 거 갖고 있다"고, 그리고 소지품에 대해서 먼저 얘기를 해주니까.

면담자   신분증 같은 거 말이죠?

주현 엄마   예, 신분증.

면담자   이모가 주신 용돈도 있었다고 그러던데.

주현 엄마   예, 그 안에 돈 5만 원도 그대로 있었고, 그리고 NFC 카드에 저희 부모가 5만 원 정도 넣어줬거든요, 요즘은 애들 카드로,

핸드폰 그걸로 다 하니까 가서 맛있는 거 사 먹으라고. 저희 애는 제주도를 많이 갔기 때문에 기념품 이런 거 사 오는 거 별로 많이 얘기는 안 했고, 그런 거 맛있는 거 사 먹고, 그거 위주로 해서 그렇게 돈을 챙겨줬었어요.

면담자   실종자 부모님 대하는 것도 어려우셨을 거 같아요.

주현 엄마   예. 그러니까 저희 앞에, E동 안에 있는데 E동 그 앞에 주현이 친구도 있었고, 친구 엄마도 있었고, 거기에 8반 엄마, 아빠들이 많았어요. 주현이가 일찍은 아니더라도 [약간] 일찍 온 편이에요. 그래서 저희가 일찍 올라왔는데, 뭐랄까 괜히 왠지 더 우리가 미안한 느낌? 이렇게 먼저 가는데도 그 부모들한테 더 미안한 느낌이 드는 거 있지요, 괜히. 같이 올라오지 못했던, 아이들을 기다리는 부모들이 있는 곳이라서 그런 생각도 있었어요.

면담자   같이 올라오셔서 병원으로 가셨지요?

주현 엄마   예, 한도병원에. 맨 처음에 거기서 얘기를 하더라고요, "한도병원에 특실이 있으니까 가라"고 그래서 왔어요. 원래 다른 데, 주현이가 고대병원에서 [태어]났어요, 사실은. 그래서 고대병원에 하려고 했더니 고대병원은 이미 다 차가지고 안 돼서, 한도병원, 집 가까운 한도병원 특실로 많이 얘기를 해줘서 가지고 왔어요.

면담자   지금은 평택에 있다고 들었어요.

주현 엄마   예, 서호추모공원.

면담자   여기서 평택이 거리가 멀지 않습니까?

주현 엄마   그렇지요, 지금 하늘공원이 가장 가깝고 그다음에 그쪽에.

면담자   왜 평택으로 하셨나요?

주현 엄마   아빠가 알아보셨는지 '제일 깨끗하다'고 생각을 하신 거 같아요. 그때 당시에 얘기가 세 군데가 나왔었어요. 부곡동하고 그다음에 한 군데가, 또 하나 있는데요, 그쪽이 화정이 아니라 뭐지? 하여튼 평택에 가까운 부분에 하나로…. (면담자 : 화성?) 화성, 화성 맞아요. 화성하고 세 군데 나왔는데 이상하게 아빠가 그쪽을 알고 있었는지 "그쪽으로 하겠다"고 하셔서 평택으로 왔지요.

면담자   아버님 보시기에 제일 깨끗하다고 생각하셨나 보군요.

주현 엄마   예. 주현이가 자랄 때요, 제가 저번에도 얘기를 드렸지만 옷이나 이런 거에 대해서 되게 많이 깔끔하게 입었던 아이인데, (면담자 : 남학생인데도 그랬다고) 예, 남학생인데도 럭셔리한 부분이 있었거든요. 거기가 그렇게 딱 가보니까 주현이가 가려고 했던 자리라서 그런지 특급호텔식 이렇게 딱 있어서 '주현이 있는 곳이겠구나' 생각을 하게 됐어요. '있을 곳이구나' 이렇게 생각을 하게 됐어요.

면담자   영정 사진은 강원도 절에 하셨다고 들었는데요, 왜 그렇게 하셨나요?

주현 엄마   주현이가 아토피가 있었어요. 그래서 강원도가 물 맑고 산 좋은 곳이니까, 거기가 [스님이] 안산에 있다가 이사를 하신 곳인데 좋은 곳에 암자를 마련하셨더라고요. 그래서 거기서 백일[기도]

주현 엄마 김정해

하고, 이런 것도 또 불교에서 흔히 말하는 천도제 이런 것까지 다 지내주고 하는 바람에 거기서 있다가, 제 꿈에, 6살 때 주현이가 태권도를 했거든요, 그 모습으로 나타났어요. 근데 그 사진이, 저희 거실에 주현이 얘네들 책장이, 저희는 거실을 책으로 많이 해놨어요. 옛날에 ≪조선일보≫에서 거실을 책장으로 서재로 해가지고 그런 기획을 해서, 저희가 그런 곳 중에 하나거든요. 그래서 책장에 거기다가 주현이 사진을 났는데 그 모습으로 와가지고, '거기다가 자기 사진을 갖다 놔달라는 뜻이구나' 싶어서 다시 [사진은] 집으로 데리고 왔어요, 지금은. 위패만 있고.

면담자   절에는 위패만 놓고 사진은 갖고 오고?

주현 엄마   예. 사진은 다 갖고, 다시 집에 있어요, 지금.

면담자   평택의 추모공원은 그 뒤에도 가신 적이 있나요?

주현 엄마   계속 잘 가지요. 저희 생일 때도 가고, 저희는 저번 주에도 갔다 왔어요.

면담자   주현이 올라오고 진도로 다시 내려가진 않으셨나요? (주현 엄마 : 저희요?) 예.

주현 엄마   아니요, 저희는 진도 안 가고 안산에…. 그때도 5월 1일 날, 주현이가 5월 2일 날인가 장례를 치렀거든요. 30일 날 올라왔잖아요, 그러니까 30, 1, 2까지 장례를 치렀거든요. 왜 그러냐면 DNA 검사 아시지요? 하루 딱 하고 오는 거. 그래서 그때 오후 4시에 주현이 확인하고 그다음 날 4시, 딱 하루 24시간.

면담자　　　안산에서 아이들 찾은 다른 부모님들하고도 만나셨나요?

주현 엄마　　　예, 그래서 여기서 만났어요, 지금 합동분향소 쪽에 있는 자리에서. 미리 올라온 부모들이 체계가 꾸려져 있더라고요, 빛나라 아빠도 일찍 발견돼서 올라왔었으니까. 그때서부터 합동분향소에서 주로 부모들을 만났지요.

면담자　　　그럼 5월에는 팽목항, 진도체육관, 안산으로 부모님들이 나눠진 거네요.

주현 엄마　　　그렇지요, 다 있었지요.

면담자　　　의견 조율이 힘드셨을 것 같아요. (주현 엄마 : 더 힘들었지요) 어떤 식으로 노력을 하셨나요?

주현 엄마　　　그래서 지금 여기 안산에 계신 부모님들은 와스타디움이라고 저쪽에, 거기서 회의실을 마련해 가지고 따로 얘기를 하면서 진도도 내려가고, 대책[위] 일 하시는 분들이 진도 가서 조율을 하고 그렇게 했던 걸로 알고 있어요. (면담자 : 왔다 갔다 하시면서?) 예.

4
정부와 언론에 대한 배신감 1

면담자　　　진도에 계신 부모님들이 진도대교를 넘어 상경 시위하려고 하신 게, 어머님 없으셨을 때인가요?

주현 엄마   아니요, 아니에요. 저 있을 때 했어요, 그거를. (면담자 : 계실 때였어요?) 예.

면담자   4월 20일 시위에 사복형사들이 너무 많아서도 문제가 됐었죠?

주현 엄마   아니, 사복형사뿐만 아니라 의경들이 딱 막아놓고, 아예 가는 길을 막고, 그리고 사복경찰관들도 자기네들끼리 우리의 동태를 파악하고, 그런 상황은 진도에서부터 계속 이어졌던 거 같아요.

면담자   왜 부모님들의 동태를 파악할까요?

주현 엄마   이 사고가 의혹이 참 많은 사건이긴 하지만, 이 사고는 참사고 국민대학살이라고 생각을 해요, 저도 국민대학살. 그런 과정에서 정부의 모의적인 것들이 많았기 때문에, 정부에 두려운 것이 많다고 생각을 해요. 그런 의문점이 가면 갈수록 더 증폭이 되고요. 도대체 무엇이 두렵길래 진실을 밝혀달라는 부모 앞에서, 저렇게 뭔가가 많이 감춰진 행태를 하잖아요. 우리의 시위 과정도 그렇고, 저희가 시위하면서 그렇게 난폭하게 한 거 아니거든요. "그 앞에만 가게 해달라"고, "청와대 앞에만 가게 해달라"고 한 건데 그것도 못 가게 하면서, [2015년] 4월 16일 날 [광화문 집회 때는] 물대포 쓰고 그랬잖아요.

면담자   진도에서의 상경 시위는 어떻게 하게 되신 건가요?

주현 엄마   박근혜 만나려고.

면담자   누구도 책임 있는 답변을 안 했으니까?

주현 엄마	예, 그렇지요. 걸어서라도 가겠다고 그런 거지요.

면담자   대통령을 만나면 무슨 말씀을 하시고 싶었어요?

주현 엄마   그 당시에 시위 때는 '우리 애 구해달라'고, 그때 당시는 안 나왔을 때니까요, 구해달라고. (면담자 : 빨리 구조해라) 예, 구조가 우선이었으니까요.

면담자   대통령이 방문해서 구조하겠다는 말을 했는데 달라진 게 없었나요?

주현 엄마   하나도 없었어요. (면담자 : 이상하네요) 완전 그렇지요. 선거용 발언밖에 안 됐다는 생각밖에 안 들어요, 지금은 전부다. 5월 18일 날 눈물 흘린 것도 그렇고, 다 진짜 선거용이구나.

면담자   기자 회견에서 해경을 해체하겠다고 했는데, 부모님들 반응은 어땠나요?

주현 엄마   해경이 해체된다고 일이 다 해결되는 거 아닌데, 완전히 국민한테, '우리랑 국민을 분리시키려는 노력 중에 하나구나' 그거지요 결국은.

면담자   국민들로부터 고립되는 느낌을 많이 받으셨어요?

주현 엄마   예, 그렇지요. 그때서부터 저희는 이미 알고 있었고, 나라에 대해서 뭔가가 많이 보이기 시작을 한 거예요, 그때서부터. '이 나라가 이런 나라였구나' 하는 생각도 하게 되고, 정말 자식을 잃은 부모가 어디 가서 하소연할 곳도 한 군데 없고…. 그리고 다른 거 아니고, 우리가 돈을 달라는 것도 아니고 아무것도 달라는 것도 없고, 단지 '내 새끼 왜 죽었는지 그 이유 하나 밝혀달라'는 건데 그걸 막고자 하는 거잖아요 어떻게든, 자기네들의 뭔가가 드러날까 봐. 그러면서 유병언 얘기 나오고 다른 쪽으로 국민들 휩쓸리게 만들고, 며칠 전에 뉴스에서 유병언 재산이 0원이라고 나왔으면, 국민들은 우리한테 화살을 돌릴 거라고요. 세금 도둑이라는 말 이상으로 또, "저 사람들이 우리 세금 다 갉아먹는다"고, 완전히 그렇게끔 지금 하고 있는 거예요.

면담자　　그런 말씀 직접은 안 들으셨지요? (주현 엄마 : 저? 왜 안 들었겠어요) 면전에 그런 말하는 사람이 있어요?

주현 엄마　　예, 앞에다 대고도 얘기해요. 간담회 가면요, 별별 사람 다 나와요.

면담자　　진도에 자원봉사자들이 많이 있었는데 소통을 할 겨를은 있으셨나요?

주현 엄마　　아니, 전혀 없었어요. 저희는 그냥 오로지 애 찾는다는, 넋이 나갔다 그럴까, 그런 일만 생각을 했기 때문에, 그분들이 와서 얘기하는 건 오로지 밥 먹으라는 얘기, 그 얘기밖에는 들은 게 없네요.

면담자　　여러 단체에서 의식주를 지원했지요?

주현 엄마　　예, 그렇지요, 그렇게 된 거지요. 결국 대한적십자사란 걸 통해서 의식주를 해결해 주려고 많이 했던 거 같더라고요.

면담자　　부모님뿐만 아니라 자원봉사자들도요? (주현 엄마 : 예,

그렇지요) 그런 걸 보면 물자는 풍족한데 사고에 대처하는 시스템은 갖추어지지 않았다는 생각이 듭니다.

주현 엄마   대처하는 시스템은 전혀…. 지금도요, 오늘도 뉴스에서 보니까 "에스에스유[SSU]가 최고의 구조를 한다"며 [나오던데], 그런 뉴스 나올 때마다 '왜 우리 애들 못 구했냐'고, 그런 답답함만 나온다니까요.

면담자   언론에서도 부모님들께 인터뷰 시도를 많이 했지요? (주현 엄마 : 그렇지요) 어머님도 해보셨나요? (주현 엄마 : 예) 어떠셨나요?

주현 엄마   저는 언론이 이런 언론이라는 걸 그때 당시에는 몰랐어요, 솔직히. 얘기하면 제대로, 우리 얘기가 100퍼센트 전달될 줄 알았어요. 근데 정말 나가야 될 부분은 다 커트가 돼 있더라고요. 그걸 나중에 알고 정말 이 나라의 언론이, 그 언론의 학살로 인해서 저희가 간담회를 다니게 된 거잖아요, "직접 가서 얘기하겠다"고, 구조상황에 대해서도 그렇고. "몇 대 헬기하고 몇 대 배가 있다"고 했잖아요. 저희 4월 17일 날 아침에 진짜 배 타고 들어갔거든요, 그 상황을 어떻게 부모한테 보여줄 수 있는지 지금 이해가 안 가요. 그 배가 거꾸로 이렇게 된 상황 있지요? 맨날 나오는 그 상황을 보여주면서 그 주변에 배가 떠 있어요, 근데 구조를 안 해요. 그걸 부모가 눈앞에 보게 해요. 이 나라가 그렇게 잔인한 나라라니까요, 그거 보면. 그럼 구조하는 척이라도 해야 될 거 아니에요, 잠수사 뛰어드는 척이라도. 그 새벽에, 4월 17일 날 아침에 여객선 타고 부모들이 들어갔으면 내 새끼 구조하는 척이라도 해야 될 거 아니에요? 내 새끼 아니라 다른 새끼라도 진짜. 그 여객선 안에서 듣는 소식이 뭔지 아시지요? 사망 소식밖에 못 들었어요, 그러면서 픽픽 쓰러지시고. 엄마들 그러고 갔다 온 거예요, 저희는.

면담자 　　　그런 상황이 언론에 보도되지 않았다는 거지요?

주현 엄마 　　　않았지요, 하나도. 보세요, 국민들한테는 "200대, 300대의 배가 왔다"고 [했지만] 전혀 아니잖아요. 한 대의 헬기와 그 주변에 둥둥 떠 있는 작은 배들, 그게 진실이었어요. 거기다가 구조조차도 안 했고, 그 부모가 눈앞에서 뻔히 보고 있는데도.

면담자 　　　민간 잠수사가 "정부가 구조를 못 하게 한다"고 발언을 하신 적이 있어요, (주현 엄마 : 예, 맞아요) 그런 말씀 들어보셨어요?

주현 엄마 　　　예, 들어봤지요. 맞습니다, 그거 틀린 말 아니에요. 이 사람들은, 민간 잠수사들은 자기네들이 "뭔가를 해가지고 하겠다"고 저희한테 제의도 많이 했었고요. 저희가 밤에 '팩트TV'나 이런 걸 통해서라도 많이 얘기를 들었고요, 정말 기발한 발상을 갖고 오셨더라고요. "해달라"고 했는데 해경이 막아요, 절대 못 하게.

면담자 　　　해경이 막는 이유는 뭔가요?

주현 엄마 　　　뭔지 모르시지요? 모르시겠어요?

면담자 　　　어머님들한테 말하는 명분인가요?

주현 엄마 　　　아니지요, 우리 명분은 그런 거지요. 아까 얘기는 그거예요, 우리한테 말한.

면담자   '다른 희생을 막아야 된다' 이런 건가요?

주현 엄마   예, 그런 거지요. 근데 그 사람들의 본질적인 이유는 따로 있지요. 생존자 애가, 제가 한 번 얘기를 한 적이 있거든요, 걔네들이 나올 때 어떻게 나왔는지 아시지요? (면담자 : 잘 모릅니다. 말씀해 주세요) 간이 배를 탔잖아요, 그 사람들이 구조하러 구명보트를 타고 갔잖아요. 생존자 애들이 있는데 그 생존자 애들이 뭐 잡고 나왔는지 아세요? 걔네들 배 타고 나온 거 아니에요, 줄 하나 의지하고 나왔대요. "니네 이거 붙잡고 와" 그러면서 갔고, 분명히 거기에서, 상대편에 구조할 애들이 있는데도 "쟤 살았네?" 이런 말을 했대요. '쟤 살지 말아야 될 애가 왜 살았지?' 이렇게 생각하고 있었대잖아요. (면담자 : 그 해경이?) 예. 해경의 생각이 산 거에 대해서 되게 깜짝 놀랐대잖아요, 그 사람들끼리 대화하는 내용이. 아니, 어떻게 애를 이 밧줄을 잡고 나오게 해요? 애들을. 구명보트가 아무리 없어도 그런 건…. 정말, 우리 애가 살았다 해도 너무 비참했을 거 같아요.

면담자   적극적인 구조 행위를 안 했다고 단정하시는 거지요?

주현 엄마   예. 단정을 하지요, 저희는. (면담자 : 민간 잠수사분들 생각도?) 그렇고요. 아니, 근데 그분들이 진실적일 수밖에 없는 게요, 정말 저희가 본 현장은 그렇거든요. 민간 잠수사분들 말들이 헛되지가 않은 게, 정말 나라에서는 구조 작업을 하려고 하는 사람 아무도 없었어요.

5
정부와 언론에 대한 배신감 2

면담자　　　그렇게 느끼셨나요?

주현 엄마　　예, 그런 마음이 조금이라도 있었다면 이렇게 많은 애들 희생 안 당했어요.

면담자　　　왜 이러는지 굉장히 의아하셨겠습니다.

주현 엄마　　아니, 이런 사고가 왜 일어났는지 저희는, 부모들은 정말 어안이 벙벙한 상태에서 사고를 당한 거고…. 그때 당시에 별 얘기가 다 나왔잖아요. "안산에 없는 애들이 소풍 가서, 모두 수학여행 가가지고 배 타고 가가지고, 돈도 만 원밖에 차이 안 나는 그걸로, 돈이 없어서 배 타고 가가지고 그렇게 사고 당했다"고 강남에 사는 엄마들이 얘기했대잖아요. 근데 그게 현실인 거 같아요, 정말로. 그것밖에는 느껴지지가 않더라고요. 정말 돈이 없어서 배 타고 왔고, 돈 없는 부모 밑에서 태어났기 때문에 우리 애들이 희생됐고. (면담자 : 계속 의문과 의심이 커질 수밖에 없는 것 같네요) 그럼요.

면담자　　　왜 안 했다고 보세요? 그리고 어떤 의심을 가지고 계신가요?

주현 엄마　　그러니까요, 아까 말씀드린 것처럼 그런 것 때문에 정부에서는 작정을 하고 사고를 일으킨 거 아닌가 하는 생각이 드는 거지요. (면담자 : 사고를 일부러 냈다고 여기시는 거군요?) 그렇지요, 그런 상황이 왜 우리 아이들한테…. 그때 당시에 그 배를 타고 간 애들이 많이 있었거든요. 솔직히 얘기해서 고등학교가 안산의 단원고등학교 외에도 송호고등학교도 있고 광명도 있었고 여러 학교가 [수학여행을 갔다고] 들었어요. 근데 그 학교들은 배를 타고 갈 뻔하다가 다 비행기로 턴을 한 거거든요. 오로지 유일하게 단원고등학교 아이들이 이렇게 된 거잖아요. 그러니까 이거는 정말 아까 말씀드린 그 이유 때문에 '작정하고 할 수밖에 없다'는 [생각이] 안 들 수가 없더라고요. (면담자: 지금도 그렇게 생각하시나요?) 예.

면담자   어머님, 그럼 안산 오셔서는 분향소로 매일 가셨나요?

주현 엄마   예. 저는 9월 달 이후에 그 간담회가 생긴 이후부터, 제가 간담회를 하려고 했던 것도 아까 언론 때문에, 가장 큰 이유가 언론이었잖아요.

면담자   제대로 보도가 안 되고 있으니까요.

주현 엄마   예, 제대로. 그리고 국민들한테 알려진 거는 정말, 진실이란 건 하나도 알려지지 않았고…. 저희가 진실 규명 때문에 서명도 받았고. 국민들 상대로 많이 노력을 해봤지만 그거 갖고는 턱도 없더라고요, 정말.

면담자   모든 언론사가 그렇던가요?

주현 엄마   예, '우리나라의 언론사들이 다 나라의 사주를 받고 있다'는 생각밖에 안 들어요. 제 생각엔 그랬습니다, 적어도. 그래서 나가서 한마디라도, 내 말 한마디라도, 우리 아이 왜 못 구했는지 그 얘기 듣고, 들려주고 싶고요. 정말 주현이 동생도 있지만, 동생 애들 자라나는 환경이 너무, 정말 이건 나라가 아니더라고요.

면담자　　　7월 12일부터 119일간 4·16특별법[4·16 세월호 참사 진상규명 및 안전사회 건설 등을 위한 특별법] 제정 촉구 국회와 광화문 농성, 8월 22일부터 서울 종로구 청운동 주민센터에서 장장 76일간의 농성들이 있었습니다. 어머니는 어디에 계셨어요?

주현 엄마　　　저는 광화문 거의 살았어요. 광화문도, (면담자 : 여기저기 가셨나요?) (고개를 끄덕이며) 광화문, 청운동, 국회 주로 많이 갔었잖아요. 맨 처음에는 국회를 들어가게 했는데 국회도 출입이 많이 어려워졌었잖아요. 그래서 저희는, 제가 그때 광화문에서 일도 했고 그래 가지고 광화문에서 주로 많이 있었어요.

면담자　　　지난번에 가족분들의 심적 어려움에 대해 이야기해주셨는데, ○○이 학교 가고 아버지 출근하시면 집에 계시기 힘들지 않으세요?

주현 엄마　　　그리고요, 저는 지금 주현이 영정 사진도 제대로 못 보겠어요, 솔직히 너무 미안해서. 미안은 둘째치고라도 정말 뭐라고 말로 표현할 수가 없어요, 그 아이한테는 정말, 제가 아까 말한 그 이유를 생각하면 하염없이…. 분향소 사진 보고도 그렇고 월요일마다 주현이를 보고 시작을 하거든요, 일주일을. 근데 그 앞에 가서도 더 이상 미안하다는 이상의 감정으로 표현할 게 없더라고요, 정말. (면담자 : 여기 분향소에서요?) 예. 우리 주현이는 정말 아무것도 모른 채 그냥 간 거잖아요, 자기가 왜 죽어야 하는지도 모르고.

면담자   그래도 분향소에서 가족분들 만나면 좀 위안이 되시나요?

주현 엄마   그렇지요. 다른 데 가서 희생자 부모가 웃으면 이상하게 생각해요. '애 잃고도 저렇게 웃을 수 있어?' 이렇게 [생각]하잖아요. 근데 우리가 여기 계신 분들이랑 다 같이 모여서 있을 때는요, 그나마 웃음을 필 수 있는, 웃음이라도 나올 수 있는 곳이 부모들 사이에서에요. 근데 그거는 사람으로 안 봐요, 밖에서는.

면담자   어머님도 스스로 괜찮아지시고 건강해지셔야 할 텐데요.

주현 엄마   근데 그렇게 못 하겠어요, 아직은. 그냥 밖에 나가서, 하루는 아침에 10시에 나가서 저녁 10시에 들어와도 밖에 나가서 있는 게, 내 몸이 고달픈 게 오히려 정신적으로 아픈 것보다 더 낫더라고요.

면담자   아버님은 언제부터 직장에 복귀하셨어요?

주현 엄마   한 달 뒤에요. 5월 지나서 했지요, 5월 달 지나서.

면담자   투쟁 활동은 어머님이 주로 하시는 거고 아버님은 생계를 이어가시는 건가요?

주현 엄마   예. 근데 아빠도 그 일이 없으면 정말 더 힘들어할 거 같아서 나가시는 거 같아요.

면담자   아버님의 직장 동료가 생각 없이 말해서 힘들어했다고 저번에 말씀하셨지요?

주현 엄마   예, 힘들어서 그런 적 있어요.

면담자   어머님이 세월호 활동 하시는 거에 대해서 아버님은 걱정 안 하시나요?

주현 엄마   오히려 정신적으로 힘들어서 잠 못 자고 이런 거보다 훨 낫다고 생각을 해요. 차라리 몸이 고달프면 잠이라도 자고 그러는데, 지금 잠을 제대로 못 자요. 팽목항에서 했던, 애들 보려고 매표소 그쪽에 본부가 차려졌다고 했잖아요, 거기다가 애들 인상착의를 다 적기 때문에 잠자다가도 1시간 만에 일어나서 몽유병 환자처럼 가가지고 그걸 확인을 하는 거예요, 우리 애 올라오지 않았나…. 그게 버릇이 돼가지고 밤에 잠을 못 자요.

면담자   진도체육관하고 팽목항의 분위기가 많이 달랐던 거 같아요.

주현 엄마   예, 팽목항 자체는 정말…. 그때 당시에도 갈라질 수밖에 없었던 게, 내 자식에 대한 어떤 열망이랄까…, 그때 당시에 끈이 놔지는 게 싫은 부모들이 더 절박해서 [팽목항에] 왔던 거 같아요, 제 생각에는.

면담자   그래서 부모님들 간에도 견해 차이가 있었지요?

주현 엄마   예. 사실은 이런 얘기 드리긴 좀 그런데, 그때 당시에 내려가면서 이런 [말을 하는] 부모가 있더라고요, "애들 살아 있는 거 기대하냐?"고. 그 얘기 듣고 정말 너무 놀랐어요. 그러니까 그런 부모들이랑은 체육관에 있었던 거겠지요.

면담자　　　부모님들끼리 언성 높이면서 싸우기도 하셨지만, 견해가 다 다르니까 할 수 없는 거였겠지요.

주현 엄마　　그럼요. 250명의 부모인데 이 부모가 한두 명도 아니고. (면담자 : 힘들 때였고요) 예, 그렇지요, 서로가 민감해진 상태였고.

면담자　　　시간이 지나면서 부모님들 간에 갈등은 해소가 되셨나요?

주현 엄마　　예. 많이 해소가 됐고, 지금 총회 일주일마다 하는 것도 그렇고, 그런 부분은 해소가 된 거 같아요. 근데 아직도 요번에는 보상 문제로…, 요즘에 제일 시끄러운 게 그런 건데, 그런 부분에서는 아까 얘기해 주신 것처럼 250명의 부모기 때문에 어떻게 다 똑같은 생각으로 일반화될 수 없다고 봐요.

면담자　　　오늘은 여기까지 여쭙겠습니다.

주현 엄마　　네, 감사합니다. 고맙습니다.

면담자　　　수고하셨어요.

3회차

2015년 8월 22일

1
시작 인사말

면담자 본 구술증언은 4·16 사건에 대한 참여자들의 경험과 기억을 기록으로 남김으로써 이후 진상 규명 및 역사 기술에 기여하고자 합니다. 지금부터 김정해 씨의 증언을 시작하겠습니다. 오늘은 2015년 8월 22일이며, 장소는 안산시 단원구 글로벌다문화센터입니다. 면담자는 손동유이며, 촬영자는 권용찬입니다.

면담자 어머님, 안녕하세요.

주현 엄마 예, 안녕하세요.

면담자 오랜만에 뵙습니다.

주현 엄마 예, 진짜 그러네요.

2
사고 이후 가족들의 활동

면담자 1년 3개월 동안의 가족분들의 움직임이 조직적인 움직임이었다고 보시나요? 아니면 마음으로 개별적으로 움직이신 걸로 생각하시나요?

주현 엄마 맨 처음 5월 달에 아이들 수습한 사람들이 먼저 여기와 있었잖아요. 분향소 대기실에서 뭐 가지고 많은 회의를 일일이 그분들께서 [하고 계셨어요]. 조직된 가족협의회[4·16세월호참사가족협의회] 분들께서 먼저 회의를 거쳐 가면서 가족들과 상의를 하고, 그러면서 우연찮게 5월 8일 날 청와대 갔던 일들이 잘 안 되고 이러면서…. 저희가 1차, 2차 계속 청와대를 갔었잖아요. 근데 1차도 그렇고 2차도 5월 17일[16일] 날 갔었고, 이럴 때 했던 일들이 많이 틀어지면서 우리가 실망을 했기 때문에 그때서부터 본격적으로 조직적으로 움직일 수밖에 없었던 거 같아요.

면담자　　　　청와대를 가고자 결정할 때에 어떤 이야기들을 하셨나요?

주현 엄마　　　예. 저희 그때 영정 사진 들고 올라왔을 때도, 대통령한테 정말 우리의 심정을 토로하고자…, 만나서 얘기라도 한 번 해서 우리가 우리나라에서 왜 아이를 잃어가면서 이런 위치에 이렇게 있어야 되는지, 그런 얘기를 하고 싶었어요. 솔직한 심정을 털어놓고 싶었던 거지요, 한마디로. 근데 그것조차도 거부를 하셨고, 2차 때 6월 17일[5월 16일] 날 만나자고 해서 만난 면담에서도, 그 면담에서도 거의 뉴스쇼라고 보시면 될 정도로 완전 진심 어린 게 하나도 없었고 다 정치 언어였지요. 그때 당시의 선거용 언어라는 걸 저희는 까마득히 몰랐었지요. 그래서 이후에 실망을 하고 국회나 이런 데로 직접 가서 그렇게들 있을 수밖에 없었던 거 같아요.

면담자　　　　그 현장에서는 그래도 대화가 된다고 생각을 하셨나요?

주현 엄마　　　그때 당시에는 눈물도 보였고, 저희 입장에서는 '대통령이 그래도 우리 입장에서 조금이라도 뭔가 하려고 하는 그런 노력을 기울이는구나' [하고] 생각을 그때는 했었어요. 저도 5월 17일 정도에 화면을 보고 그렇게 했다가, 나중에 선거가 지나고 다음서부터 태도가 [바뀌는 것을 보고] '정말 너무나도 우리를 하나의 이용 가치밖에 생각을 안 했던가' 하는 생각에 부모들이 분개를 할 수밖에 없었지요. 그리고 저 또한 그 자리에서도, 그때부터의 나라에 대한 어떤 모멸감? 이런 것도 많이 느꼈던 거 같아요.

그니까 그 전에는 정말 우리 아이 사고 당하기 전의 상황으로 돌아간다면, 그 전에는 우리나라가 정말 좋다고 생각을 많이 했고, 돈만 있으면 어디 가든지 여행도 편하게 즐길 수 있고 아이들과의 그런 시간도 잘 가질 수 있는 그런 나라라고 생각을 했다가, 6월 달 선거 지나고 나서 그런 일들이 닥치고 나서부터 나라에 대해서 모멸감을 느끼면서 '우리나라는 이런 나라였구나' 하는 걸 느꼈어요. 그때부터 본격적으로 '이 나라에서 내 아들을 이렇게밖에 키울 수 없는가를 왜 진작 못 깨달았을까?' 하는 생각에 너무 후회도 많이 했었고요.

면담자　　　초기는 시위 중심으로 많이 활동하시다가, 간담회 같은 다양한 활동도 많이 하셨지요?

주현 엄마　　예, 작년 9월부터 간담회가 시작됐지요.

면담자　　　어머님은 어떤 활동에 참여하셨나요?

주현 엄마　　저는 간담회를 했습니다.

면담자	광화문이나 국회나 청운동 시위도 다 참여하셨고요?
주현 엄마	예, 물론 다 갔었고요.
면담자	혹시 경찰과 무력으로 대치하는 상황도 겪어보셨나요?

주현 엄마 | 그럼요. 그때 2박 3일인가 걷고 올라갔잖아요. 추모문화제 끝나고 나서 청와대 올라가려고 할 때 막강한 경찰 병력들이 왔었잖아요. 제가 가슴을 밀쳐가지고 뒤로 넘어졌어요. 걔가, 경찰에서 가슴을 밀쳐서 뒤로 넘어져 가지고, 그 상황이 지금도 계속 떠올라요. (면담자: 트라우마가 되셔서?) 예, 상처가 돼서. 그런 거 때문에 몸도 안 좋은 상태로 계속, 그런 상태에서 청와대나 이런 데 계속 있었잖아요. 그래서 더 그게 많이, 몸을 뒤로 밀치면서 엉덩이뼈라든가 이런 게 다쳤는데도 그거를 병원 치료를 안 받고 계속 국회, 청운동 그런 데 다니면서 더 있었고, 그러니까 더 많이 아파오고, 지금도 그런 것이 최고로 많이 아프고…. 그런 식으로 여기 가슴 통증도 생기면서 잠을 못 잤고, 그런 일을 겪고 나서의 충격이 정말 가시지 않는 거예요. 가끔 가다 뇌리를 스쳐가듯이 자꾸 떠올라요, 그런 게.

면담자 | 단순한 분노를 넘어선 감정일 것 같다는 생각이 듭니다.

주현 엄마 | 분노는 아니, 분노라기보다는 정말 이 나라에서 싸워, 이 일에 앞장서야 될 건 국가였어요. 근데 국가는 없었고 부모들이 나섰지만 그 부모들도 억압과 제지를 했었잖아요. 국민들을 무시했다는 생각밖에 안 들어요, 제 생각에는.

면담자 | 어머님 외에도 그런 경험을 한 부모님들이 많으시지요?

주현 엄마   그렇지요. 그때 당시에 저는 치료할 시간이 없어서 치료를 못 했는데 치료한 사람도 많았고 이랬으니까. 예, 정말 분노 이상의 감정이 막 떠오르지요.

면담자   욕도 많이 하시나요?

주현 엄마   예, 저 정말 욕 많이 늘었어요. 애 앞에서 욕하면 안 되는데, 정말 텔레비전에 나오는 박근혜 모습만 봐도 욕이 저절로 나오고, 길을 지나가다가도요, 제가 정말 미친 사람 같아요. 옛날에는 길 지나가면서 아이 생각 때문에 울었거든요, 요즘은 내가 왜 이 나라에서, '이렇게 좋은 나라'라고 생각하고 그렇게 살았는지 하는 후회감과 아이에 대한 미안함과 그런 감정과, 내가 억압받고 멸시받았던, 여태까지 세금 잘 내고 잘 살아왔던 거밖에 없는데 그런 사람한테, 내가 왜 이 나라에서 그런 죄인 취급을 받아야 되고, 내가 자식을 잃은 시점에서 그거에 대해서 죄인 취급을 더 강한, 죄를 더 얹는다 그럴까요? 그런 식으로 더 모멸감을 느낄 수밖에 없으니까 그게 더 욕으로 나오는 거예요, 어디 가서 한풀이할 데가 없으니까. (면담자 : 평소에 해보지 않은 일이니까) 예.

(전화 통화로 잠시 중단)

주현 엄마   죄송해요.

면담자   아닙니다. 8월 15일에 특별법 제정 촉구를 위한 범국민대회가 광화문광장에서 있었어요. 낮에 프란치스코 교황이 방문을 했었죠. (주현 엄마 : 예, 8월 15일 날) 거기 참여하셨나요?

주현 엄마   그렇지요. 거기서 자고, 세종문화회관에서 잠자고, 8월 15일 날 새벽에 4시인가 3시부터 줄 서서 거기 자리 맡고, 10만 명인가? 많은 사람들이 왔잖아요. (면담자 : 기대를 많이 하셨겠습니다) 그럼요. 저희가, 교황이라면 종교계에서 알아주는 대통령 정도의 직위에 계시는 분이니까 그런 걸 통해서라도. 어떤 문구나 이런 걸 통해서라도 그분한테 알려서 그분이 세계적으로 힘을 발휘를 해주셨으면 하는 기대가 있었지요.

면담자   실제로 힘이 좀 되셨나요?

주현 엄마   예, 그분이 생각하는 정신적 자세, '낮은 데로 임하소서' 이런 식으로, 정신적인 자세를 저희는 배웠던 거 같아요, 제 생각에는.

면담자   세월호에 관련해서 직접적인 언행도 하셨죠?

주현 엄마   예, 그렇지요. 그래서 저희 8반 이승현 아버님은 직접 세례를 받고, "이런 식으로 하신다"고 하셔서, 그런 부분들에 대해서, 세월호에 대해서 전혀 모른 체 안 하시고 이런 정도로 많이 아이들을 생각하는 눈물을 한번 보셨던 게, 일이 해결이 안 됐더라도 그런 부분에 대해서 많이 위로를 받았던 거 같아요.

면담자   네, 간담회 언급해 주셨는데 왜 간담회를 하려고 하신 건가요?

주현 엄마   언론의 왜곡된 보도지요, 물론. (면담자 : 진실을 알리려고?) 예, 직접 만나서 시민들을 상대로, 맨 처음에는 대학생들 위주로 했었어요, 여러 대학에서 먼저 초청을 받아서. 저는 간담회라는 거 자체도 해본 적이 없던 사람이고 단순히 일을 했던 사람이라서 그 자리가 되게 낯설고 힘들었었어요, 사실은. 근데 정말 언론이…, 거기 가서 그 사람들이 "정말 이랬었어?" 이런 말을 듣는 순간 안 나설 수가 없더라고요. 그래서 더 나서게 된 거 같아요.

면담자　　　대학생들이나 시민모임 이런 곳으로 가셨나요?

주현 엄마　　예, 그렇지요. 시민 단체 위주로 초청이 들어왔기 때문에 그렇게 많이 갔고요.

면담자　　　어머님의 경우 몇 번이나 다니셨어요?

주현 엄마　　저는 일주일에 많을 때는, 그러니까 제가 많이 갈 때는 목요일에, 한 하루에 서너 번 갔었어요. 한 달이면 대충 아시겠지요? 하루에 평균 두 건 정도였던 거 같아요.

면담자　　　어떠시던가요? 물어보는 질문들이 대략 비슷하던가요?

주현 엄마　　그렇고요, 저희랑 같이 분노를 하시고 있다는 감정도 느낄 수 있었고. 물론 같이 사고를 당한 제3자의 입장이지만 그분들은 저희보다도 더 이 나라의 시스템에 대해서 분노와 정신적 자괴감 이런 것들도 더 많이 갖고 계시더라고요. 그분들 앞에서 제가 더 약해지는 모습이 안 좋을 거 같아서 어떤 때는 힘내서 얘기할 때도 있었고, 그리고 그분들이 지금 옆에서, 곁에서 도와주시고 있다는 그 자체가 있기 때문에 이렇게 싸울 수 있는 거 같아요, 지금까지도. 내일모레 8월 18일이 500일인데 500일까지 올 수 있었던 거는 정말 시민들의 막강한 힘이 저희를 버틸 수 있게 해주셨던 거 같아요. 그게 없었다면 저희가 싸우는데 저희 힘만으로는 역부족이에요. 250명 부모 합쳐서 겨우 500명 정도인데 그 500명이 5000만을 상대로 싸운다는 거 자체는 너무 무리한 일이었지요. 근데 그중에 저희랑 같이하실 수 있는 분들이 계시니까 어떻게 같이 그렇게 [싸우지 않을 수 있겠어요]. 그런 [이상한 말을 하는] 할아버지가 나타나셨을 때도 저보다 더 많이 열을 내서 싸우시는 분도 있었어요.

면담자 간담회 하면서 불편한 질문을 받은 적은 없으셨나요?

주현 엄마 그런 건 정치적인 거지요. "세월호가 정치적이라고 그런 말을 많이 하는데 그거에 대해서 어떻게 생각을 하냐?" 이런 거 있잖아요. 저는 그렇게 생각을 해요, "정치라는 건 우리 삶이니까, 삶의 일부분에서 어떤 사람은 올바르게 생각하는 사람도 있고 어떤 사람은 나쁘게 생각하는 사람도 있으니까, 그런 쪽으로 저는 생각한다"고 그렇게 웃어넘기지요. 근데 정말 어떻게 보면 우리가 너무 정치에 대해서, 아까 얘기한 선거, 처음에 박근혜 대통령이 얘기한 선거에서도 그렇고, 이 세월호를 정치적으로 이용하려는 사람들이 정말 많기는 많아요. 그건 사실이에요, 정치권에서 특히.

면담자 세월호 활동에 함께해 준 시민분들이 계실 텐데 구체적으로 힘이 되어줬던 분들에 대해 소개를 부탁드립니다.

주현 엄마 그렇지요. 저희가 4·16교과서 만드는 데 가서, 저희 둘째 아이가 원일중학교 다니고 있는데 거기에 신 무슨 선생님, 갑자기 생각이 안 나지? 그 선생님이, (면담자 : 신대광) 신대광 선생님하고 4·16기억저장소, 처음에 그분 때문에 이게 됐다고, 기록에 대한 어떤 거점이 됐더라고요. 그래서 그분의 그런 행동도 그렇고. 또 저희 많은 단체들이 오세요, 16일 되면 단체들 오는 거 아시지요? 매달 16일을 잊지 않고 찾아주시는 단체들이, 다 엄마들이 친구처럼 지내요. 자식을 기르는 엄마라고 다 한 꺼풀 이렇게 보지 않고, 더 [색안경] 쓰고 보지 않고 그분들은 우리를 편하게 대해주시려고 노력을 많이 하세요. 그렇기 때문에 저희가 다가갈 수 있는 하나의 통로가 될 수 있고요.

이런 밖의 시민들은 세월호 엄마들이 밖에 나가서 조금 웃는다 [그러면] '저 엄마들은 항상 울어야 된다' 이런 표정을, 이런 관념이 있으신 거 같더라고요. 밖의 시민들 앞에서 우리가 웃잖아요? '저 엄마는 자식 잃고도 웃는다' 이런 식으로 생각을 해요. 하지만 그분들은 우리가 한 번 더 웃기를 바라는 분들이에요. 그런 게 많이 차이점이 있는 거 같아요. 그런 단체들, 엄마들을 위주로 한 단체들, 반월동 주민들이나 이런 사람들 와서 같이 반찬 하는, 뭐 해가지고 밥 한 번 먹으려고 노력하고, 차 마시면서 얘기하고 그러면 정말 그만큼 마음이 편해질 수가 없어요.

면담자　　　힘을 모아주시는 유명 인사들도 있지요.

주현 엄마　　제동 씨 같은 경우, 김제동 씨 엊그저께 식사랑 같이 하고 했는데, 김제동 씨 같은 경우는 주현이 생일에도 많이 참여를 하고, 김장훈 씨도 그렇고…. 주현이 생일에 [촬영자에게] 권 피디님 오셨었나요? 못 오셨지요? (촬영자 : 예) 그때 생일에 그분들이 같이

해 주서가지고 그런 분들이 정말 고맙지요.

면담자　　　어머님 입장에서는 김제동 씨와 김장훈 씨가 제일 기억에 남으시나요?

주현 엄마　　예, 제일 기억에 남지요.

면담자　　　그 뒤로도 연락 하시나요?

주현 엄마　　예, 계속하고 있고, 김제동 씨는 페북[페이스북]하고 있고, 김장훈 씨는 바쁘신지 요즘 못 하고 있고요.

면담자　　　여러 가지 활동들을 하시려면 돈이 들 텐데 비용은 어떻게 해결하셨어요?

주현 엄마　　저 같은 경우는 서울, 그러니까 지방을 못 가요. 제가 차가 없기 때문에 지방을를 못 가요. 교통카드 의지해서 서울권, 수도권, 인천권 있는 데서만 그렇게 활동을, 장소를 배정할 때 알고 그렇게 해줘요. 또 멀리 갈 때, 혹시 부산이나 이런 데 갈 때는 비용을 주고 청구할 수 있고요, 저희 가족협의회. (면담자 : 가족협의회에서) 네.

면담자　　　공금을 모아서 활동을 하셨나요?

주현 엄마　　아니지요, 가족협의회에 들어오는 성금 같은 게 있으니까.

면담자　　　시민 성금 같은 거 가족협의회에서 관리하시고? (주현 엄마 : 예) 정부의 지원은 없죠?

주현 엄마　　전혀 없습니다.

면담자   요구도 안 하셨고?

주현 엄마   예, 그럼요. 저희는 그런 거에 대해서 요구 [안 해요]. 그거 아시지요? 맨 처음에 아이들 의사자 만들려고 할 때, 정부에서 내놓은 게 특례입학하고 의사자였잖아요. 특례입학은 지금 특례입학 한 아이들이 있습니까? 솔직히 없잖아요, 다들 이렇게 됐는데 희생이 됐는데. 그리고 의사자는, 솔직히 저희들 부모님들 중에서 반반이었어요. 좀 해줬으면 좋겠다는 부모님도 없지 않아 계셨는데, 그거 이전에 '내 새끼 왜 죽었는지 진실을 밝히자' 이것 때문에 포기를 할 수밖에 없었던 것뿐이었었거든요. 의사자[로 선정]해주면 저희도 좋지요, 아이들 동생들도 많이 혜택을 보고 그러니까. 그런 입장에서는 아직까지도 포기 못 하시는 분 몇 분도 있는 걸로 알고 있어요.

면담자   그렇지만 진상 규명이 안 된 상황에서는 그런 건 필요 없다는 입장이신 거죠?

주현 엄마   예. '[유가족] 입장에서는 전혀 아무것도 필요 없다. [진상 규명이] 제일 먼저다' 이렇게 생각을 했던 거지요.

면담자   그거는 대부분의 부모님들의 생각이라고 봐도 되겠지요?

주현 엄마   그렇지요, 이번에 소송만 봐도 거의 반 이상이 넘었으니까. 모르겠어요, 나머지 부모님들은 가정적으로 한가정부모거나, 이런 거는 트러블 때문에 그렇게 못 하신 분들도 있을 걸로 알고 있어요.

면담자　　　　4·16특별법하고 세월호참사특별조사위원회에 (주현 엄마: 예, 특조위) 대해서는 어떤 입장이셨나요?

주현 엄마　　　9월 말에 특별법 그거 할 때요, 저는 청운동에서 박영선 의원을 참 많이 만났거든요, 제가 청운동을 주로 그때 당시에 많이 갔기 때문에. 너무 호의적이셨거든요. "정말 특별법 꼭 돼야 된다. 자기 자식도 있다" 이러면서 그런 부분에 대해서 한 꺼풀의 의지도 꺾이지 않을 정도로 저희한테는 그렇게 얘기를 해놓고, 결국 마지막에서는 나라 얘기를 들은 거잖아요. 그때 그 모습, 그러니까 특별법이 통과가 되고 안 되고 그거보다도 어떤 위의 정치에서 했던, 정치권에서 했던 활동 그런 게 더 마음에 걸렸고요, 그리고 특별법이 저희가 기소권, 수사권, 조사권까지 해가지고 삼권을 획득하려고 했던 건데, 그나마 조사권을 준 건데 "이것도 많이 했다" 일각에서는 그러지만, 저희는 제일 중요한 게 기소권이었거든요. 정말 잘못된 사람 처벌받기를 원했던 게 진실 규명 운동에서도 빠지지 못한 하나의 행동이거든요.

　　근데 그게 안 되고 조사권만 됐기 때문에, 저희는 그때도 어쩔 수 없이 기자회견까지 가졌고, 밤에 9시 반 넘어서 정부를 향해 소리를 칠 수밖에 없었는데, 결국은 그거 하나 갖고도, 특별조사위원회 설립하는 거 가지고도 요즘 말 많은 거 아시지요? 페북에 올라오는 거 보니까 예산 삭감은 물론이거니와, 정말 밖에서 하는 행동이 우리가, [그렇게] 하면 안 되는 거잖아요. 아시는 거, "생일 케이크 비용 청구했다" 그래 가지고, 그걸 더 많이 크게 확대해서 사람들한테 인식이 되게끔 하고…["특조위가 직원 자녀 학비, 생일 케이크비를 포함한

예산을 청구했다"는 새누리당(현 미래통합당) 원유철 원내대표의 발언을 말함]. 그러니까 특조위 자체도 조사권 하나로 설립된 특조위인데도, 특조위 자체도 설립을 못 하게끔 하는 방해 작전이 눈에 보여요. 제가 TV조선 이런 걸 잘 안보거든요, 근데 그날 어떻게 우연찮게 TV조선을 틀게 됐어요. 세월호 얘기가 딱 나오니까 딱 귀가 솔깃해서 갔는데 전부 특조위 비판이, 처음부터 끝까지 특조위 비판이었어요, 그 내용 자체가.

그런 내용을 국민들이 의식할 수밖에 없었는 게, 사람들의 뇌리에는 좋은 거보다는 나쁜 게 더 먼저 들어오잖아요. '그렇게 의식할 수밖에 없구나' 하는 생각이 진짜 번뜩 들더라고요. 그래서 '앞으로 간담회 활동에 이거 무시 못 하겠구나' [하는] 생각을 더 많이 했고요. 가서 정말 진실 규명 때문에 부모들이 모여가지고 외치고 왔고, 우리는 진실을 알려야 될 사람들이 돼버린 거 같아요.

면담자　　　간담회는 지금도 진행되고 있나요?

주현 엄마　　예, 저는 이번에 안산 쪽 간담회로 빠졌어요. 그러니까 그 전에는 밖의 활동을 많이 했다가 요번에 안산 간담회로 새로운 조직이 돼서, 제가 잘난 척하는 건 아니고, 여기 반장이에요, 아파트에서 반장직을 맡고 있어서, 호성 엄마는 고잔동 반장 맡고. 그래서 둘이 주축이 돼가지고. (면담자 : 호성 엄마요?) 예. 둘이 주축이 돼가지고 안산 쪽부터 알리자는, 통장, 반장, 주민자치위원회 이런 사람들 만나면서 새마을부녀회 이렇게 포섭·섭렵을 하는 거지요. 그래서 지금은 활동이 안산 쪽으로만 이루어져 있어서 밖의 활동을 안 하니까 사람들이 간담회를 안 하고 있는 걸로 알고 있더라고요, 많이.

면담자   요즘은 간담회 활동이 뜸한가 해서 저도 여쭤봤습니다.

주현 엄마   예, 그렇지요. 그러셨던 거 같아요.

면담자   반대로 화가 나게 했던 사람들도 있으시지요?

주현 엄마   지금 현재 제가 딱히 기억나는 사람은 없는데, 제가 광화문 갔을 때 우리가 이렇게 열심히 현판 밑에서 싸우고 있는데, 그 싸움에 지나가던 시민들이, 국민하고 우리를 별개를 시키려고 하는 게 경찰이잖아요. 시민들 자체도 그 한마디 한마디가…. 어떤 사람은 지나가면서 비수를 꽂는 말을 하더라고요, 그래서 정말 '너도 한번 니 자식을 이 나라에서 잃어봐야지' 이런 생각이 들게끔 일각에 있는 시민들도, 저희한테 그런 분들도 계시고.

그다음에 저희가 인권 활동을, 제가 인권 그쪽에, (면담자: 4·16 인권선언에 참여하셨잖아요) 예. 거기서 보면 인권 활동 하면서 시민 단체에 계신 분들이 많이 오시잖아요. 그러면 얘기를 들어요. 한쪽에서는 정말 우리가 모르는 행동들이 많이 이뤄지고 있더라고요. 어떤 책자를 발행해서 책자에 대해서 정신 교육을 시키고 있다든가, 이런 걸 저는 전혀 몰랐던 부분이었거든요. 근데 반대편에서는 우리는[우리처럼] 정신 교육[인권 교육]을 받는 사람을 해하려고[나쁘게 비난하고] 하니까 더 어려워지고 있는 거 같아요, 그런 게.

면담자   일반인도 세월호 이야기로 종종 다투는 경우가 있어요.

주현 엄마   예, 사람들끼리 그렇지요.

주현 엄마 김정해

면담자　　　　저는 그만하란 이야기가 제일 듣기 싫었어요. (주현 엄마 : 그렇지요, 예) 그런 말씀 직접 들어보신 적 있으신가요?

주현 엄마　　　어제요, 바로 어제 그랬다니까요. (면담자 : 누가?) 예, 서명받는 책상을 뒤엎을 정도로 그렇게 해서…. (면담자 : 혼자서요?) 예. 양말 파시는 분인데 그 앞에서 저희가 계속, 거기에 사거리니까, 피케팅을 계속하고 있으니까, 권 피디님 아실 거예요, 반대편에서 "노래했다"고 막…. 근데 그분께서 그렇게 난리를 치시니까 제가 세월호 엄마니까, 세월호 엄마가 당할까 봐 어떤 시민이 화를 내면서 막아주시더라고요. "그만해라"뿐만이 아니에요, 그분은. "니네들 때문에 이 나라 세금을 다 갉아먹는다"서부터 시작해서 정말 제가 듣지 못할 말까지도 많이 들었던 거 같아요, 어제는. 그래서 갑자기 몸이 힘들어지더라고요.

면담자　　　　어머니들 몇 분이나 계셨어요?

주현 엄마　　　그때는 요쪽 제가 피케팅하는 데는 피케팅하는 사람이 별로 없었어요. 이쪽에서는 피케팅 두세 명 정도밖에 진행을 안 했고, 한 다섯 명? 저희가 두 명 서명받았거든요. 그러니까 피케팅 세 명하고, [서명받는] 두 명하고 해서 한 다섯 명 정도 있었어요, 거기는. 그러니까 불안불안하지요, 솔직히 얘기해서. 전에는요, 맨 처음에 서명받는데 경찰도 왔었다니까요. (면담자 : 하지 말라고요?) 아니요, 누가 신고를 해서 왔대요, 그 사람들 말로는. 근데 정말 그게 신고 대상이 되지도 못할뿐더러, 우리는 앉아서 사람들한테 서명받는 일이 다인데 그게 왜 나라에 신고 대상이 되어야 되는지 모르니까, 아빠가 화를 내시면서 "이거 니네들도 다 달으라"고 그러면서 배지도 주고 그때 엄청….

면담자   주현이 아버님이?

주현 엄마   아니요, 저희 다른 아버님이. 그렇게 해가지고 돌려보냈더니 그 이후로는 그냥 지나가더라고요.

면담자   사고 이후에 삶이 많이 변화하신 것 같아요. 특히 어떤 부분에서 변하셨다고 생각하세요?

주현 엄마   그러니깐요, 아까 얘기드린 것처럼 나라에 대한 어떤 생각이 바뀌니까 제가 애국주의자 그런 걸 떠나서 정말 이 나라를 떠야겠다는 생각밖에…. 이 일을 겪고 나서 저는 정말 이 나라에서 살고 싶지 않아요, 너무 힘들어요 지금. 하루하루 사는 게 힘들고, 현재 주현이 사진 보면서 눈물 흘리고….

3
정부에 대한 비판과 향후 활동에 대한 계획

주현 엄마   한때뿐이지만 아이를 이 나라에서 제대로 못 키웠다는 자체가 너무 미안한 거예요. 그리고 이 나라가 너무 싫어졌어요. 저는 대한민국이라는 나라가, 제가 지금 서고 있는 이 땅 자체가 '내 아이, 지금 남은 아이까지도 뺏어가면 어떡하지?' 이런 불안감, 그런 것 때문에 나라에 대한 모멸감밖에는 안 생겼다고 생각하고요. 그리고 나라를 알게 됐고, 그럼으로 인해서 더 활동을 할 수밖에 없는 거예요. 제가 집에서 쉬고 있잖아요? 그럼 저도 잠깐 쉬는 게…, 몸이 힘드니까 쉬었다고 생각을 하지만 이 정신에서는 다른 생각이 들어요, 계속. 그렇기 때문에 이렇게 몸을 더 힘들게 할 수밖에 없는 거 같아요. 하루 종일 아침 10시에 갔다가 저녁 10시에 들어가는 이런 게 일상이 돼버렸어요 이제는, 그래야지만 다른 생각이 안 들 수밖에 없으니까. 정말 저는 나라에 대한 분개감, 생각, '정말 우리나라가 어떻게 됐으면 좋겠다' 이런 생각까지 한 적도 있었어요, 솔직히 얘기해서.

우리 작은아이가 자기 형 그렇게 되고 나가지고 이상한 알카에다인가, 왜 애들 말하는 있잖아요. 아이에스[IS] 그런 쪽으로 애가 자꾸 질문을 하고 그러더라고요. 자기도 가담해서 우리나라 부수고 싶대요. 지금도 가슴이 벌렁벌렁해요, 그런 얘기를 하면. 정말 나라에 대한 모멸감이 커졌다고, 제가 느끼는 대한민국은, 이전의 대한민국은 이런 나라가 아니에요, 아이를 죽이고도 또 죽일 수 있는 나라밖에 될 수밖에 없는 거 같아요.

면담자   기본이 안 된 국가라고 생각하시는 거죠?

주현 엄마   기본조차도 무시하고…. 보상에 관련해서 한창 언론에서 엄청 떠들었잖아요. 우리[가] 국회 갔을 때부터 심재철이가 떠들었던 거예요, 50억이 어쩌고저쩌고. (면담자 : 새누리당?) 예, 새누리당. 그 사람 말대로 왜 안 됐냐고요, 그러면. 50억 준다면 50억 줘야 되고, 그리고 문제는 요번에 보상금마저 나오는 것도 정부에서 지금 쇼부 보는 거 아시잖아요. 원래 국민 성금을 3억 정도로 줘야 되는데 자기네가 5000 갖고 쇼부 보는 거예요. '니네가 이거를 국가랑 화해를 해야지만 준다, 5000은. 나머지는 안 주겠다' 이거예요, 화해 안 하면. 그런 부분이에요. 지금 태반이 [그런 식이]에요. 거기다가 제가 제일 마음이 아픈 거는 우리 아이들 계산한 거, 호프만방식 계산한 거. 왜 우리 아이들이 일용직 근로자냐고요. 저는 우리 주현이 일용직 근로자로 안 키웠어요. 그런 방식으로 계산을 해버려 가지고 소소한 것마저도 차이가 너무 많이 나요. 아이들 생일서부터 여자아이들 남자아이들, 군대 가고 안 가고, 이런 것까지도 차이가 나서 그게 지급이 되더라고요. 정말 그런 건 그렇게 잘 챙기는지 나라에서….

면담자   선생님도 차등 지급이 된 거죠?

주현 엄마   예. 기간제 교사 두 분, 3반, 4반이라고 알고 있는데. (면담자 : 기가 막히실 거 같습니다) 그렇지요. 현장에서 벌어지고 있는 일들은 너무 힘들고 기가 찬 일들이 벌어지고 있는데 국민들은, 밖에서는요…. 제가 아는 애도 평택 쪽에서 사업을 하는데 걔도 그러더라고요. 다 해결된지 알았대요, 정말 다 된 걸로. 근데 우리는 해결된 게 아무것도 없는데 왜 밖에서는…, 언론의 힘이 그만큼 큰 거지요, 언론의 왜곡된 보도를 그만큼 다 믿고 있는 거고.

면담자   보상 문제부터 나오는 것도 이상한 일이지요.

주현 엄마   그렇지요. 물론 부모들이, 여기 안산에 있는 부모들이 그렇게 부유한 부모들은 아니더라고요. 저도 이번 사고를 통해서 알게 됐는데, 부모들이 사정이 계시니까 그런 거를 하게 해서 해결할 수 있는 그런 어떤 창구도 마련해 줘야 된다고 생각을 해요.

면담자　　보상받아야 될 부분은 받아야지요.

주현 엄마　　예. 근데 돈으로 처음부터 무기를 잡고 나왔는데, 왜 약속을 안 지키냐 이거예요, 저희는. 그리고 그 무기가 저희의 가슴에 화살이 돼 있는 것도 모르고 있고, 그리고 저희 그때 그랬어요, 나라에서 '10억 준다' 그러면 "내가 10억 줄 테니까 내 자식 살려내라"고.

면담자　　"돈이 없어서 당했다"는 말에 공감이 가더라고요.

주현 엄마　　네, 그렇지요. 그리고 강남 얘기 많이 나왔고요, "만약에 우리 애들이 강남에 다니는 학교 다녔으면 이런 일 안 당했다"고. 그 말이 저희한테는 원한 맺힌 말인 거 모르시지요? 저는 그 말만 들으면요, '내가 왜 내 아이를 강남에서 못 키웠을까' 하는 그 마음이 가슴에서 솟구쳐 올라와요, 그 강남 얘기가. '강남이 뭔데? 도대체' 안산에 사는 부모들은 사람도 아니라는 거잖아요, 지금.

면담자　　투쟁 활동 하시면서 아쉬운 점이 혹시 있으신가요?

주현 엄마　　저희 아이를 위해서 인터뷰도 하고 많이 했는데, 인터뷰 이런 거보다도 '우리 주현이를 좀 더 알릴 수 있는 일을 했으면 좋겠다'는 생각을 했었어요. 그러니까 우리, 물론 250명 아이들 각자가 다 소중하고 정말 착하고 이쁜 아이들이지만, 제 가슴속에 있는 제 아이는 정말 더 힘들고 미안했기에, 엄마가 못 해줬던 부분만 더 많이 생각을 할 수밖에 없는 아이였거든요. 그런 부분을 더 많이 알리지 못했다는 게 제 마음속에는 공허감이 들더라고요. 정말 너무 착했기 때문에 엄마는 얘가 성공 하나만을 위해서만, 그러니까 얘가 진정으로 행복한 게 뭔지 모르고 성공, 무조건 학교 가서 공부 잘하고, 엄마가 공부 안 할 때 "공부해라, 공부해라" 그런 말 했던 게 너무 힘들어요. (눈물을 훔치며) 그러니까 아이의 행복을 위해서 엄마가 살게끔 해줬어야 되는데, 그걸 못 해줬는데…, 그 얘기를 많이 못 해줬던 거 같아요, 사람들한테.

면담자   선체 인양에 대해선 어떤 생각을 갖고 계신가요?

주현 엄마   지금 아홉 명의 미수습자가 있잖아요. 다른 거보다도 생명이잖아요. 인양을 한다면, 지금 중국 어선 같이 조인해서 한다고 이런 얘기하는데, 사람부터, 뼛조각이라도 먼저 건져 올렸으면 좋겠어요, 정말 인양을 한다면. 지금 배 인양은 그 안에 있는 물건도, 우리 주현이 같은 경우도 제가 저번에 말씀드린 것처럼 기타나 그다음에 여행용 가방이나 운동화나 이런 것도 하나도 안 나왔어요. 제가 주현이를 본 순간 주현이가 운동화를 안 신고 있는 게 너무 힘들었어요, 그 애가 맨발로 올라온 게. 기타 잡고 그 선실에서, 쓰러져가는 배 안에서도 자기 기타 꼭 잡고 있는 그런 모습이…. 물론 신발을 신을 수가 없겠지요, 거기는 침대 방이 아니고 방바닥이었으니까. 그런데 그런 모습을 봤는데도 올라왔을 때 애가 신발을 안 신고 있었다는 모습이 되게 부모 입장에서 엄청 힘들더라고요. 왜 신발도 안 신고 있었는지, 그런 모습 자체를 잊을 수가 없더라고요. 그래서

주현 엄마 김정해

인양을 한다면 엄마들 그런 거 자체라도, 하나라도 좀 소중하여 여겨서 다 건져 올려줬으면 좋겠다는 생각을 하지요. (면담자 : 유실되지 않도록 조심해 달라는 이야기이신 거지요?) 예.

면담자　　어머님이 계속 강조하시는 거는 진상 규명이에요. 지금도 변함없으시지요?

주현 엄마　　그럼요.

면담자　　왜 그렇게 됐는지를 알고 싶으신 거지요?

주현 엄마　　그렇지요, 우리 새끼가 수학여행, 그 즐거운 수학여행 가다가 왜 갑자기 죽음을 맞아야 되[됐]는지 저는 그 이유 알고 싶어요, 솔직히 얘기해서. 우리 애가 이 나라에 뭘 잘못했는데요, 도대체 우리 애가 이 나라에 뭔 죄를 지었냐고요. 왜 애를 아무 이유도 없는 죽음으로 몰아넣었는지 저는 그거 너무, 제가 몸 안 좋은 상태에서 이렇게 뛰어다닐 수 있는 거는, 내 새끼가 왜 그렇게 갔는지 그걸 알고 싶기 때문에 이렇게 뛰어다니잖아요. 저 몸 안 좋아요. 저도 병원에 가서 있어야 될 사람인데 그거 알기 전까지는 병원에 한시라도 못 있을 거 같아요. (면담자 : 대부분의 부모님들도 그러실 테고요) 예, 그렇겠지요. 저랑 같은 마음이니까 이렇게 활동도 하시려고 하는 거고, 다들 힘드신 과정에서도 병원 갔다 다시 나오셔서 일 하시고 그러시니까요.

〈비공개〉

면담자　　아버님은 요즘 어떠세요?

주현 엄마　　　(눈물을 훔치며) 예, 아빠도 정말 힘드세요. 회사 가서 정말 우리가 무슨 죄를 지었다고, 돈 얘기 듣고 그게 너무 싫대요. 옛날에 제가 얘기했잖아요, IMF 때도, 그렇게 힘들 때도 '회사 다니기 싫다'는 생각 안 하셨거든요. 요즘 와서 그 얘기를 하는데 정말 억장이 무너지더라고요. 사람들이 그런대요. "보상받았는데 왜 회사 나오냐"고, (눈물을 훔치며) 우리가 무슨 죄를 지었는데 보상이 뭐라고 애들 목숨값…(울음을 터뜨리며). 한번 사람들한테 그렇게 해보라고 해보세요. '니 자식 죽을 때 너도 한번 해보라'고, '내 새끼가 무슨 죄를 지었는데 왜 이러냐'고……. 죄송합니다, 웬만해서는 눈물 안 흘리려고 했는데.

면담자　　　진상 규명이 잘된다면 어머님은 그 뒤에는 어떤 활동을 하고 싶으시고, 어떤 삶을 살 것 같으세요?

주현 엄마　　　일단 우리 둘째 아이 잘 키워야겠지요, 그게 주현이가 바라는 것 중에 하나니까. 동생을 참 이뻐했거든요. 그 누구보다도 정말 주현이가 동생을 좋아하고 이뻐했어요. 밤에 주현이 자기 동생 손 안 만지고 자면 잠이 안 올 정도로 애가 그렇게 동생을 이뻐했거든요. 그래서 ○○이를 되게, 그 아이한테 많이 집중을 해서 정말 더 잘 키워야겠고, 그 이후에는 아직 생각 안 해봤어요. 우리 ○○이 저렇게 형아로 인해서 힘든 생활에서 벗어나게끔 많이 도와줘야 될 거 같아요. 그리고 특조위 아까 얘기하셨는데 특조위도 제가 그분들 하나하나 다 만났거든요. 얘기 들으면서 우리 아이 위해서 제가 못 하니까 대신 힘 좀 써달라고 다들 부탁을 드렸어요, 그때 분향소에 왔을 때.

면담자　　　그러셨어요?

주현 엄마　　예. 그래서 그분들도 많이 동감을 하시고, 또 여자 공무원이라고 하지요? 그분들도 많이 동감하셔서 울어주고 남자분들도 하겠다고 다 다짐을 해주셔서 그나마 특조위 분들이 활동을 제대로 해주셨으면 하는 바람이지요.

면담자　　　특조위 분들이 분향소에 왔었습니까?

주현 엄마　　예, 오셨었어요.

면담자　　　그게 언제쯤이었나요?

주현 엄마　　그때 호성 엄마랑 저랑 둘이 맞았거든요. 7월 중순쯤인가 그랬던 거 [같아요]. (면담자 : 지난달이요?) 예.

면담자　　　호성 어머니와 각별하신 것 같아요.

주현 엄마　　예. 저희 둘이는 참 많이 활동을, 요즘에 간담회서부터 해서 주로 많이 조인이 돼요. 지금 피켓 활동도 저는 선부동이고 거기는 중앙동이고 이런 식으로….

면담자　　　마음도 잘 맞으시고요?

주현 엄마　　예.

면담자　　　진상 규명이 되면 가족협의회도 많이 바뀌겠지요? (주현 엄마 : 그러겠지요) 가족협의회에 어머님은 어떤 희망을 갖고 계세요?

주현 엄마   아이들을 위한 거, 아까 명예 회복 얘기하셨는데 저는 그런 부분에 더 힘을 써주시면 좋겠어요, 가족협의회가. '일은 이렇게 됐지만 아이들의 명예는 살려줘야 된다'고 생각을 해요. 제가 아까 얘기한 호프만방식 그것도 정말 저는 그 자체가 '너무 어이없는 일'이라고 생각을 했기 때문에 소송도 했고요, 그렇기 때문에 아이들의 명예를 살릴 수 있는 일이라면 조그만 일조차도 포기 않고 다 했으면 좋겠습니다, 저는.

면담자   법인화하려는 계획도 있으시다고 들었어요.

주현 엄마   그거 사단법인 계속하는 중인데 저번에 해수부가 1차 안 된다고 해왔지요. 서울시청하고도 하려고 하고 많이 노력을 하시는 거 같아요. 2차적으로도 계속 그거는 안 할 수가 없는 부분이라서 그 부분은 꼭 이뤄져야 된다고 생각을 하고, 저도 회비도 냈고 해서 다 이루어지리라고 생각을 해요.

면담자   사단법인이 되면 활동에 참여하실 생각도 있으세요?

주현 엄마   그렇지요, 아무래도 아이들 일이니까. 제가 그랬잖아요, 주현이[는] 특히 미안한 아들이라고. 그렇기 때문에 엄마가 몸이 부서지도록 할 수밖에 없는 거 같아요, 정말 더. 그냥 아침밥 제때 차려주지 못하고, 애가 힘들어서 밥을 못 먹는 경우도 있지만 저 또한 그때 당시 일을 하고 있었기 때문에…, 모든 걸 많이 못 챙겨줬던 게 지금에 와서 너무 힘든 거 같아요, 그런 상황 자체가. 그래서 그냥 다 그래요, 주현이 용돈 달라고 했는데 용돈 많이 줬어야 했는데 조금밖에 못 주고 이런 거, '돈이 뭔데 그때 왜 그거밖에 못 줬을까' 이런 생각. 뒤늦은 후회감이 엄청난 거지요, 지금은. 주현이 있을 때 저는 그래도 잘해준다고 잘해줬는데 지금에 와서는 아무것도 아니게 돼버렸잖아요, 0이 돼버린 거잖아요. 그래서 주현이를 위한 모든 일이라면 사고가 끝나고 진상 규명이 된 이후에도 우리가, 부모가 참여해 가지고 하나라도 노력을 기울일 수 있는 일을 한번 해야지요. 현재는 학교 얘기 들으셨지요? "학교, 자꾸 빼라"고 한다고. 그 문제가 좀 심각한 거 같아요, 그거부터라도 제대로 됐으면 좋겠어요.

면담자   경기도교육청에서도 그러고 있지요?

주현 엄마   예, 교육청에서 교육감마저도 그러니까, 그런 거지요.

면담자   거기에 대한 공식적인 대화는 있었습니까?

주현 엄마   교육감이 자기 "안 된다"고 얘기했대요. 한번 학교에 일하고 있는 엄마들이 갔었었지요, 가서 그 자리에서도 확실하게 밝혔다고 하더라고요. 그러니까 산 넘어 산이라고 그러는 부분들에 대해서, 진짜 아이들이 있는 그 자리가, 거기가 역사적인 자리밖에 될 수 없는데 그걸 지금 역사의 한복판을 제거하려는 노력을 나라에서 하는 거잖아요. 아시다시피 같은 교수님이시니까 김익한 교수님 얘기한 대로 그렇게만 된다면 너무 좋을 거 같아요, 그 안이 너무 좋더라고요. 근데 그 안 자체도 너무나도 막대한 비용이 필요하다 보니까 그런 부분에 대해서 많이 노력을 하시는데도 잘 안 되는 거 같고.

저희가 추모를 화랑유원지 오토캠핑장을 제일 좋게 보고 있어요. 왜 그러냐면 아이들 다녔던 학교도 가깝고 지금 여기 분향소도 가깝고, 중간 자리가 거기고 부지도 제일 넓어요. 근데 "안산시 자체의 시민들의 호응이 안 된다"고 제종길 시장은 그걸 자꾸 걸고넘어지는 거예요. 근데 제가 봤을 때는 제종길 시장님은 일선에서 끝낼 분이 아니에요. 야심을 갖고 계신 분이라서 그 부분 때문에 안산 시민들을 자꾸 얘기를 하시는 거 같더라고요.

그리고 안산 시민들 자체서도 아까 얘기한 그런 단체들, 주요 단체들이 통장단 [같은 데인데] 제가 간담회를 갔었거든요. 너무 냉랭해요. 그 사람들은 4·16 당시에 내려와서 한 번 도와준 거, 자원봉사 도와준 게 다 한 걸로 알고 있어요. 안산 시민 자체의 의식이 변하기를, 변화시키는 걸 저희가 해야 되기 때문에 그 부분이 많이 중요한 것이 돼버렸지요.

면담자　　　그래서 안산 지역 중심으로 간담회를 다니시는 거군요. (주현 엄마 : 예) 그다음은 추모 사업이겠지요?

주현 엄마　　　예, 그렇지요. 아이들[을] 한 군데 모아야 되잖아요, 세 군데 뿔뿔이 흩어져 있고, 그나마도 그 외에 있는 애들도 있고. 수학여행 가다 그렇게 됐으면 같이 모아놔야지요.

면담자　　　하시는 일이 광범위하네요.

주현 엄마　　　하다 보니까 광범위해진 거 같아요. 정말 여기까지는 우리가 손을 안 써야 되는데 나라에서는 안 하고 있으니까 부모들은 이걸 해야 되고, 그러니까 밀고 나갈 수밖에 없는 거 같아요.

면담자　　　가족대책위 분들에게 바라는 바가 있다면 말씀해 주십시오.

주현 엄마　　아까도 말씀드렸듯이 아이들 명예 회복을 위한 어떤 활동이 그동안은 진상 규명이라는 과제에 부딪혀 가지고 못 했던 부분들도 너무 많았고요, 그래서 그런 부분에 대해서 좀 더 신경을 많이 썼으면 좋겠고. 지금 형제자매 애들이, 부모보다도 더 큰 과제가 형제자매거든요. 근데 그쪽을 너무 외면하고 있어요. 부모들의 활동에 기울어져, 가족대책위가 부모들의 활동 중심으로만 하려고 하고 있기 때문에 형제자매 애들 자체를 완전 무시를 하고 있는 거밖에는 안 돼요. 어떤 기관에 의해서 맡겨져 있는 거밖에는 안 되거든요. 그래서 저는 이 형제자매 애들을 챙길 수 있는 가족대책위가 됐으면 좋겠어요. 이래야지 우리 부모가 밖에 나가서 일도 더 열심히 할 수 있잖아요. 분과장별로 다 바쁘기는 하겠지만 그래도 형제자매, 어떤 프로그램이나 이런 부분에 대해서 '더 세세하게 신경을 써줄 수 있으면 좋겠다'는 생각을 항상 바라고 있거든요.

　　그래서 ○○이도 혼자고, 아이들이 혼자 남고 싶어서 남아진 게 아니잖아요. 저의 아는 애가 그러더라고요. "어머니. 그래 가지고 왜 둘을" 그러니까 이 상황을 모르고 주변에 있던 애가 얘기를 하는 거예요, "그러니까 둘을 낳으셨어야지요" 이러더라고요. 둘이 있었는데 이렇게 된 거잖아요, 그러니까 어쩔 수 없이 그 사람한테 사실대로 얘기할 수밖에 없었는데…. 그래서 ○○이를 좀 더 챙길 수 있는, 우리 아이가 혼자 남아짐으로 인해서 충격 부분이나 이런 부분에서 좀 더 신경을 쓸 수 있는 가족협의회가 됐으면 좋겠더라고요.

면담자　　4·16기억저장소에 바라는 것이 있다면 말씀해 주세요.

주현 엄마　　　　며칠 전에 신대광 선생님 만나 뵙고 4·16교과서에 대해서, 그 작업에 대해서 얘기를 하시면서 그분이 갖고 있는 생각을 처음 알게 됐어요. 지금 원일중학교 교사시잖아요. 근데 원일중학교가 상당히 많아요. 아이들이 단원중학교하고 원일중학교에 주로 포진이 돼 있다고 보면 되실 거예요. 원일중학교 내에서의 그런 활동들을 많이 하셨는데 아이들이 했던 행동이 있잖아요. 그걸 그날 그 자리에서 얘기를 해주셨어요. 어떤 아이가 너무 그런 게 심해서 아이들하고 잦은 사소한 싸움을 할 수밖에 없었고, 어떤 아이는 수업 중에 나가서 울고 그런 일들이 있잖아요. 기억저장소의 활동이 대외적인 활동을 많이 하시잖아요. 저는 그런 거보다도 좀 더 학교, 어차피 다 학교 관련해서 일을 하고 계시고 기록물 때문에 일을 하고 계시니까, 신대광 선생님이나 이런 분들이 신경 쓰고 있는 부분들을 좀 더 캐치를 많이 하셨으면 좋겠더라고요.

면담자　　　　주로 대외적인 기록물 수집을 많이 하고 있죠.

주현 엄마　　　　예, 알아요. 지금 많이 노력을 하시는 거 아는데, 제가 신대광 선생님을 만나고 나서 그분의 생각이 정말 맞더라고요, 저희 부모들하고.

면담자　　　　4·16기억저장소에서도 활동에 반영하겠습니다.

주현 엄마　　　　예.

면담자　　　　긴 시간 동안 구술 면담 감사드립니다.

주현 엄마　　　　아이고, 제가 더 감사드리지요, 우리 아이들을 위해서 이렇게 노력해 주시니까.

면담자   이후에 추가 면담이 있으면 연락드리겠습니다.

주현 엄마   예, 저도 그걸 바라는 바거든요. 제가 지금 몸이 안 좋아서 미처 못 말씀드린 부분도 있을 거예요. 그러니까 나중에 교수님이 연락이 된다면 제가 '이런 부분에 대해서 꼭 얘기해 드리고 싶어요' 하는 부분을 [귀] 기울여 주셨으면 좋겠습니다.

면담자   그럼요, 학교에서 보냈던 문자 찾으셔서 다행입니다.

주현 엄마   예, 그거요 정말 ○○이하고 저하고 진짜 합작해서 찾은 거예요.

면담자   얼마나 큰 도움이 됐는지 모릅니다. 감사드립니다, 수고하셨습니다.

주현 엄마   예, 고맙습니다.

4·16구술증언록 단원고 2학년 8반 제1권

그날을 말하다 주현 엄마 김정해

ⓒ 4·16기억저장소, 2020

기획 편집 4·16기억저장소 ｜ **지원 협조** (사)4·16세월호참사가족협의회
펴낸이 김종수 ｜ **펴낸곳** 한울엠플러스(주)
초판 1쇄 인쇄 2020년 4월 1일 ｜ **초판 1쇄 발행** 2020년 4월 16일
주소 10881 경기도 파주시 광인사길 153 한울시소빌딩 3층
전화 031-955-0655 ｜ **팩스** 031-955-0656 ｜ **홈페이지** www.hanulmplus.kr
등록번호 제406-2015-000143호

Printed in Korea.
ISBN 978-89-460-6771-4 04300
      978-89-460-6801-8 (세트)
* 책값은 겉표지에 표시되어 있습니다.